AUTOCUIDADO
DE VERDADE

POOJA LAKSHMIN

UM PROGRAMA TRANSFORMADOR PARA REDEFINIR O BEM-ESTAR

AUTOCUIDADO DE VERDADE

(SEM CRISTAIS, PURIFICAÇÕES OU BANHOS DE ESPUMA)

Tradução
LÍGIA AZEVEDO

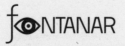

Copyright © 2023 by Pooja Lakshmin

Publicado em acordo com Viking, um selo da Penguin Publishing Group, uma divisão da Penguin Random House LLC, Nova York.

O selo Fontanar foi licenciado para a Editora Schwarcz S.A.

Grafia atualizada segundo o Acordo Ortográfico da Língua Portuguesa de 1990, que entrou em vigor no Brasil em 2009.

TÍTULO ORIGINAL Real Self-Care: A Transformative Program for Redefining Wellness (Crystals, Cleanses, and Bubble Baths Not Included)

CAPA Nayon Cho

ILUSTRAÇÃO DE CAPA Larisa Zorina/ iStockphoto.com

PREPARAÇÃO Cristina Yamazaki

REVISÃO Adriana Bairrada e Gabriele Fernandes

Nomes e outros detalhes identificadores das pacientes mencionadas foram mudados, e em alguns casos diferentes pacientes foram resumidas em uma só, sempre com o intuito de proteger a privacidade delas. O conteúdo deste livro é apenas educativo e informativo. Ele não deve ser usado para diagnóstico clínico, tratamento ou aconselhamento médico.

Dados Internacionais de Catalogação na Publicação (CIP)
(Câmara Brasileira do Livro, SP, Brasil)

Lakshmin, Pooja
  Autocuidado de verdade : Um programa transformador para redefinir o bem-estar (sem cristais, purificações ou banhos de espuma) / Pooja Lakshmin ; tradução Lígia Azevedo. — 1ª ed. — São Paulo : Fontanar, 2023.

  Título original: Real Self-Care : A Transformative Program for Redefining Wellness (Crystals, Cleanses, and Bubble Baths Not Included).
  ISBN 978-65-84954-17-5

  1. Autocuidados de saúde 2. Bem-estar físico 3. Saúde da mulher 4. Saúde mental I. Título.

23-146751 CDD-158

Índice para catálogo sistemático:
1. Autocuidado : Aspectos psicológicos   158

Tábata Alves da Silva – Bibliotecária – CRB-8/9253-0

Todos os direitos desta edição reservados à
EDITORA SCHWARCZ S.A.
Rua Bandeira Paulista, 702, cj. 32
04532-002 — São Paulo — SP
Telefone: (11) 3707-3500
facebook.com/Fontanar.br
instagram.com/editorafontanar

Este livro foi escrito para todas as mulheres que se perguntam se entenderam tudo errado, se um dia estarão à altura e se estão pedindo demais. Eu enxergo vocês, porque sou uma de vocês. Juntas, abriremos um caminho melhor, para nós mesmas e para a próxima geração.

Pois as ferramentas do senhor nunca derrubarão a casa-grande. Elas podem permitir que o vençamos em seu próprio jogo durante certo tempo, mas nunca trarão uma mudança genuína.

Audre Lorde

Sumário

Nota às leitoras 11
Um comentário pessoal 13
Sobre identidade, privilégio e sistemas de opressão ... 27

PARTE I: A TIRANIA DO FALSO AUTOCUIDADO

1. Calorias vazias 31
   O falso autocuidado não nos salvou
2. Por que é difícil resistir à sedução 49
   Os motivos que nos levam a recorrer ao falso autocuidado
3. É um jogo de cartas marcadas 67
   O problema não é você

**PARTE II: O AUTOCUIDADO DE VERDADE
É UM TRABALHO INTERNO**

4. Recuperando as rédeas 93
   Os quatro princípios do autocuidado de verdade
5. Autocuidado de verdade exige limites 106
   Superando a culpa
6. Autocuidado de verdade significa tratar a si mesma
   com compaixão 148
   Permissão para ser suficientemente boa

7. Autocuidado de verdade aproxima você de si mesma ... 182
Desenvolvendo sua bússola do autocuidado de verdade

8. Autocuidado de verdade é uma afirmação de poder 219
Reivindicando o que é seu e reformulando o sistema

Conclusão 245

Agradecimentos 249

Apêndice 1 257
Bússola do autocuidado de verdade

Apêndice 2 259
Guia de exercícios para o autocuidado de verdade

Apêndice 3 261
Como buscar ajuda profissional

Notas 263

Nota às leitoras

Ao longo deste livro, falamos sobre a importância de buscar um profissional de saúde mental. Se for uma emergência psiquiátrica ou você estiver em meio a uma crise, ligue para o Centro de Valorização da Vida (cvv) no 188, vá ao pronto-socorro mais próximo ou ligue para o Serviço de Atendimento Móvel de Urgência (Samu) no 192 ou para a Polícia no 190.

Um comentário pessoal

Talvez você tenha notado que nos últimos tempos é quase impossível passar uns poucos dias que seja sem deparar com o termo "autocuidado". Essa palavra passou a resumir um número ilimitado de escolhas de estilo de vida e também de produtos — de sucos desintoxicantes a aulas de ioga e lençóis de fibra de bambu — e explodiu em nossa consciência coletiva como uma panaceia para praticamente todos os problemas das mulheres.

Como médica especializada em saúde mental da mulher, considero essa abordagem cultural do autocuidado incompleta (no melhor dos casos) ou manipuladora (no pior dos casos). O dogma do bem-estar diz que resolver seus problemas é tão simples quanto comprar um planner diário ou se inscrever em uma aula de meditação. E, de acordo com essa filosofia, quando você não encontra tempo para essas "soluções", a culpa é sua, por não cumprir um dos itens da sua lista de pendências. Na minha prática clínica, atendendo mulheres que sofrem de esgotamento profissional, desmoralização, depressão e ansiedade, vi tantas pacientes que chegaram dizendo alguma versão de: "Eu me sinto péssima, dra. Lakshmin. Tudo parece uma obrigação, estou sempre no limite... e sinto que a culpa é minha, por não cuidar de mim mesma!".

Não é culpa delas, e não é culpa sua.

Na verdade, é um jogo de cartas marcadas.

Ao se concentrar no falso autocuidado — nos produtos e nas soluções que nos são vendidos como remédios —, conceitualizamos o autocuidado de maneira equivocada. Ao falso autocuidado sobram calorias vazias e falta substância. Ele nos faz olhar para fora — nos comparando com os outros ou buscando certo tipo de perfeição —, o que significa que é incapaz de nos sustentar de fato no longo prazo.

Dá para entender por que vamos atrás do falso autocuidado e do falso bem-estar para resolver nossos problemas — afinal, eles estão em toda parte! E, como você verá nesta nota, eu mesma já fiz isso. Quando estamos exaustas, desesperadas, e vemos uma propaganda do mais recente suco desintoxicante prometendo resultados extraordinários, é claro que ficamos interessadas. Então, por favor, me deixe esclarecer: minha intenção não é constranger quem busca consolo no bem-estar, quem busca um respiro em uma vida agitada — não é esse o propósito do meu livro. Estou aqui para dizer que, primeiro, nossa sensação de impotência quando se trata de cuidar de nós mesmas *não é culpa nossa*, e, segundo, há uma forma melhor de fazer isso, de dentro para fora, e eu vou ensiná-la.

Neste livro, você vai aprender a trilhar um caminho significativo. O autocuidado de verdade, como verá, não é algo que pode ser encontrado em um único lugar, como em um spa refinado ou em um app de registro de atividades: é um processo interno que envolve tomar decisões difíceis que valerão a pena no longo prazo, conforme constrói uma vida em torno de relacionamentos e atividades que realmente são importantes para você. Meu objetivo é ensinar a diferença entre o autocuidado verdadeiro e o falso, e para isso vou não só erguer o véu do autocuidado falso e mercantilizado, mas também transformar sua compreensão de como pode ser a prática verdadeira de cuidar de si mesma, demonstrando que ela é possível. Vou compartilhar ferramentas e estratégias tangíveis de como se apropriar do bem-estar — fazendo mudanças positivas na sua vida e depois voltando esse conhecimento para fora, com o intuito de impactar as pessoas e os sistemas a sua volta. Como vou ensinar neste livro, o impacto do autocuidado de verdade não é apenas no nível individual — ele tem um efeito cascata em nossos relacionamentos, nas comunidades de que fazemos parte, em nosso ambiente de trabalho e na sociedade de modo geral. É por isso que não basta nos proteger: precisamos mudar os sistemas que não atendem a nós, mulheres.

Resumindo: há um caminho melhor.

POR QUE ME OUVIR?

Passei a maior parte da última década trabalhando como psiquiatra especializada em saúde mental da mulher, e estudei doze anos para me tornar médica e psiquiatra. Na prática clínica, dediquei milhares de horas aos cuidados de mulheres que sofriam com esgotamento profissional, desespero, depressão e ansiedade. Além do atendimento de pacientes e do empenho acadêmico, venho me dedicando à defesa da justiça social e de gênero.

No entanto, talvez saber que eu estive aí, *exatamente onde você está*, seja mais importante que minhas credenciais profissionais. Já acreditei que, seguindo a receita "estudar em uma universidade de prestígio, ter uma boa carreira e me casar", eu me sentiria completa e satisfeita. No entanto, sofri com esgotamento profissional, desesperança e até mesmo depressão e ansiedade clínicas. Tomei remédios e fiz terapia. Passei por perdas e dificuldades e sofri traumas. E cometi vários erros na minha jornada (menciono alguns deles neste livro).

Uma década atrás, quando eu tinha meus vinte e muitos anos, depois de passar a maior parte da vida estudando para me tornar médica, tomei uma decisão drástica. Para choque e horror da minha família e dos meus amigos, em seis meses meu casamento acabou, abandonei minha residência em psiquiatria em uma instituição altamente requisitada e me mudei para uma comunidade em San Francisco. E não era qualquer comunidade, mas uma comunidade que praticava e ensinava meditação orgástica.

Convencida de que eu havia encontrado A Resposta para os problemas da vida, passei quase dois anos com aquelas pessoas — morando em sua comunidade, trabalhando por sua startup de bem-estar e espalhando sua mensagem com fervor. O grupo em si era organizado como um matriarcado, com as mulheres detendo e exercendo o poder. Dizer que isso me atraía é pouco: eu tinha cursado estudos feministas, crescido em meio à cultura patriarcal do Sul da Ásia e acabado de largar o sistema médico acadêmico, dominado por homens.

Na palestra introdutória, conduzida, entre outras mulheres, por uma ginecologista e obstetra, a líder do grupo explicara que nos sentíamos insatisfeitas porque a cultura ocidental havia nos ensinado a nos desconectar de nosso corpo, e nunca tínhamos aprendido a exercer inteiramente nosso poder. Elas anunciavam a meditação orgástica como uma prática, centrada na mulher, que era próxima da terapia com foco sensorial — permitia se afastar do falatório constante do cérebro e se conectar com o corpo e, em consequência, consigo mesma. Uma semana depois daquela palestra, eu já havia mergulhado com tudo. Foi a primeira vez na vida que vi mulheres pedindo abertamente o que queriam, e conseguindo. Parecia ser a prática de bem-estar — a utopia feminista — que resolveria todos os meus problemas. Passei quase dois anos profundamente imersa no mundo da prática espiritual desse grupo e das modalidades orientais de bem-estar.

Como uma médica perfeccionista de personalidade tipo A foi parar em um grupo focado no orgasmo feminino? Em retrospectiva, percebo que eu estava desesperadamente tentando me encontrar — e ao mesmo tempo me perder — em lugares novos e emocionantes. Estava desiludida com a medicina e a psiquiatria tradicionais, que na época eu via como irremediavelmente falhas, porque me pareciam trair as pessoas que deveriam ajudar. Na residência, eu presenciava a morte de pacientes, o que acabava comigo. Então começara a questionar o que era ensinado — por exemplo, não recebera orientação, nem na faculdade, nem na residência, quanto ao que fazer quando uma paciente não tinha plano de saúde por falta de dinheiro, ou quando não pudera deixar o filho na creche pela terceira vez em dois meses e estava prestes a perder o emprego. Em vez disso, eu aprendera a prescrever remédios e a oferecer sessões de terapia para questões claramente sistêmicas. Embora esses dois tipos de intervenção médica sejam bastante necessários, a falta de atenção à desumanidade das políticas sociais fazia com que eu me sentisse impotente — assim como minhas pacientes. Eu mesma estava esgotada e à beira da depressão. Parecia que minhas próprias tentativas de conseguir ajuda profissional eram insuficientes (apesar de eu ser médica!). Foi esse estado — com raiva e me sentindo traída pelo sistema médico — que me levou a procurar respostas nos lugares mais improváveis.

Para mim, o grupo a que eu tinha me juntado estava mudando o mundo — quebrando estigmas e tabus sobre o bem-estar sexual das mulheres e lutando pelo empoderamento de pessoas que muitas vezes eram ignoradas pela medicina. Conheci os neurocientistas do laboratório da Universidade Rutgers, que é um dos dois únicos laboratórios no mundo a estudar o orgasmo feminino através de imagens do cérebro por ressonância magnética. Estudei o que acontece com o cérebro feminino durante o orgasmo. Foi um período de intensa exploração pessoal e acadêmica.

Ao longo do tempo, fiquei sabendo de muitas críticas feitas ao grupo, mas não as tolerava. Da minha perspectiva, eu estava lá por vontade própria e tinha pena das pessoas que não viam quão singulares eram o grupo e sua missão. Na época, eu acreditava naquela mistura particular de dogma do bem-estar e espiritualidade — uma combinação de ensino new age e libertarismo apoiado pelo vale do Silício. Por coincidência, o dogma se encaixava perfeitamente com minha criação hindu, baseada em pensamento positivo, mitologia e gurus.

Infelizmente, o que eu não percebia, embora as pessoas que se importavam comigo percebessem, era que, como médica, eu oferecia algo inestimável ao grupo: legitimidade. Durante o tempo que fiquei na comunidade, de 2012 a 2013, fui tratada com todo o cuidado, mantida à distância do funcionamento interno da liderança. Na época, eu achava que era por eu não ser espiritualizada o bastante para adentrar os círculos superiores. Foi só muitos anos mais tarde, em 2018, depois que saiu a notícia de uma investigação do FBI sobre o grupo, que descobri quão sombria a história havia se tornado e consegui juntar as peças e entender o motivo pelo qual nunca deixavam que eu me aproximasse muito.

Fiquei ali pouco menos de dois anos. Conforme a comunidade fazia mais sucesso e abria centros de bem-estar em todo o mundo, comecei a notar inconsistências no dogma. Eu queria concluir minha residência e já havia entendido que uma única prática de bem-estar nunca seria capaz de resolver todos os meus problemas.

Foi só quando saí de fato para começar minha própria cura que reconheci que o período que passei na comunidade havia mexido com a minha cabeça. Caí em depressão profunda. Ficava me perguntando se seria capaz de continuar vivendo. Tinha dado fim a minha vida antiga para me juntar àquele grupo, e agora não podia mais contar com ele.

Precisava reconstruir minha vida e a mim mesma do zero.

Meus pais me deixaram ficar na casa deles sem pagar aluguel. Completei trinta anos no meu quarto de infância, debaixo das cobertas, maratonando episódios antigos de *Law & Order: Special Victims Unit* e trocando mensagens com os poucos amigos próximos que continuavam ao meu lado. Tive a sorte de poder contar com profissionais de saúde mental que me ajudaram a rever minhas experiências e dar sentido a elas. Outras pessoas que deixaram o grupo e não puderam se dar a esse luxo sofreram muito mais do que eu. No entanto, eu precisava lidar com o fato de que ajudara a legitimar — como médica e profissional profundamente envolvida com a filosofia do grupo, como alguém que falava publicamente em seu nome — o que eu agora sabia que não passava de um culto.

Era compreensível — como muitas de vocês, mergulhei em uma prática de bem-estar porque não me ocorrera que as respostas precisavam vir de dentro de mim. Enquanto a meditação orgástica me ajudava no âmbito pessoal, eu me vi seduzida pela fantasia de que uma solução externa — uma prática de bem-estar brilhante — ia transformar minha vida.

Acabei aprendendo da pior maneira que o autocuidado é um trabalho interno.

Encarar o mundo real e voltar à residência em psiquiatria foi ao mesmo tempo a coisa mais difícil que eu já fiz *e* o que mais me deu força nesta vida. De muitas formas, o que me tornou a pessoa que sou hoje foi o processo de abandonar o culto, e não o de me juntar a ele. Aprendi a estabelecer limites, descobri quais são meus valores, encontrei minha voz e comecei a falar por mim mesma — independente de minha família, do sistema médico e do culto. Em resumo, aprendi a praticar autocuidado *de verdade*.

Na década seguinte, cheguei à conclusão de que o autocuidado é mais que uma solução mais autêntica e sustentável: ele é autodeterminado. Envolve o processo interno de definir limites, de aprender a se tratar com compaixão, de fazer escolhas que aproximem a pessoa de si mesma e de levar uma vida alinhada com os próprios valores. É um trabalho duro, e que, diferentemente de soluções prontas ou de lições de gurus de autoajuda, não só pode ser feito como pode ser mantido internamente. E, como você vai compreender ao longo deste livro, tem o potencial de transformar nossas relações, a cultura do ambiente de trabalho e até mesmo os sistemas sociais, tendo assim um efeito sobre as injustiças coletivas que estão na raiz dos problemas das mulheres.

Consegui terminar a residência em psiquiatria e entrei para o corpo docente da Escola de Medicina da Universidade George Washington, depois abri minha própria clínica focada na saúde mental da mulher. Não surpreenderá ninguém saber que, quando minhas pacientes começaram a falar de autocuidado e soluções de bem-estar — como ovos de jade para enfiar na vagina ou máscaras faciais de cúrcuma —, fiquei preocupada. Por um lado, eu compreendia a busca daquelas mulheres — que estavam no limite devido às demandas da vida familiar e da vida profissional — por consolo rápido. Por outro lado, eu havia experimentado o extremo daquilo e sabia dos perigos de cair nas armadilhas da indústria do autocuidado. Agora, não só tinha a formação e a experiência profissional para esclarecer aquele tipo de coisa como também sabia na pele o que acontecia quando as práticas davam muito errado. E mais: eu sabia que havia uma alternativa que dependia de mim mesma e que vinha de dentro de mim.

Assim, fiz o que qualquer pessoa nascida nos anos 1980 faria: comecei um blog e abri um perfil no Instagram. Pouco depois, publiquei um ensaio na Doximity chamado "We Don't Need Self-Care; We Need Boundaries" [Não precisamos de autocuidado; precisamos de limites]. Voltado para médicas, o texto era uma tentativa de esclarecer a natureza problemática do autocuidado como solução para o esgotamento de profissionais da saúde. Tal qual em muitas indústrias, os hospitais e grupos da área da saúde estavam oferecendo "treinamento em resiliência" como solução para a epidemia de esgotamento profissional entre os médicos. Não se falava, entretanto, em folga remunerada, subsídio de creche ou mudanças de políticas reais em prol dos trabalhadores. Semanas após a publicação do meu ensaio, recebi uma mensagem depois da outra de mulheres de todo o país dizendo que sentiam que eu havia descrito a situação delas. Depois, em 2019, o *The New York Times* me pediu para adaptar o ensaio a fim de dialogar com o público geral, e me tornei uma colaboradora regular, escrevendo sobre justiça de gênero, a saúde mental das mulheres e as estruturas sociais que as impediam de atingir o bem-estar emocional.

Este livro que você tem em mãos cresceu de todas essas sementes.

Antes de seguir em frente, quero ser bastante clara. Por um longo tempo, hesitei em escrever sobre esse tema e me juntar ao campo da autoajuda. Não estou escrevendo como guru. A solução de outra pessoa nunca poderá ser a sua. A resposta aos seus problemas nunca vai ser outra pessoa, incluindo eu, lhe dizendo o que fazer: seja entrar para um culto ou começar uma dieta ou uma forma de atividade física da moda. Como você vai entender ao longo deste livro, as respostas só podem vir de dentro. Na leitura, você vai notar que não passo muitas regras a seguir, prefiro te encorajar a se fazer perguntas difíceis e a tomar decisões difíceis. Isso é deliberado. De acordo com o que aprendi em minha experiência pessoal e profissional, o verdadeiro autocuidado tem que vir de dentro. O que ofereço aqui é um guia para reservar espaço para a autorreflexão, além de perguntas produtivas para fazer a si mesma com o intuito de trilhar seu próprio caminho rumo a um autocuidado de verdade, significativo e de longo prazo.

O QUE VOCÊ VAI APRENDER AQUI

Neste livro, vou ensinar por que conceitualizamos o autocuidado de modo equivocado e fornecer ferramentas cruciais para fazer o trabalho radical de cuidar de si mesma de verdade. Não é uma questão de "se consertar" — aliás, está mais do que na hora de pararmos de dizer às mulheres que elas precisam de conserto. Vou ensinar a você como cuidar de si mesma de dentro para fora, criando assim um efeito cascata que vai influenciar sua família, seus relacionamentos e até mesmo seu ambiente de trabalho. O autocuidado de verdade é revolucionário justamente porque tem o poder de abordar a causa dos nossos problemas — os sistemas.

Parte desse trabalho parecerá agressiva a você, porque ensinam às mulheres que é egoísmo cuidar de si mesmas. Bem cedo na vida, aprendemos que devemos concentrar nossa energia em cuidar dos outros (como filhas, companheiras, mães etc.). Mas estou lhe dando permissão para reservar espaço a você mesma enquanto lê este livro. Não se furte de se dedicar a aprender como cuidar do seu bem-estar. O que vai encontrar aqui pode ir contra o que lhe ensinaram, mas não é autopiedade — *é necessário*.

Dito isso, o objetivo deste livro é derrubar o mito de que se pode ter tudo — o que acaba sendo um fardo. Portanto, não se preocupe: não vou te passar uma série de ideais ou práticas nos quais você poderá fracassar. Em vez disso, vou te convidar a olhar de perto como gasta seu tempo e como fala consigo mesma, para que seja capaz de tomar decisões claras e alinhar seu comportamento com aquilo que é mais importante para você.

Na Parte I, mostro a natureza sistêmica problemática do que chamo de falso autocuidado. Você vai compreender por que o falso autocuidado é uma promessa vazia que ignora o processo crítico autoguiado de desenvolvimento de limites e identificação do que realmente nos nutre. Vamos examinar a maneira como a sociedade patriarcal deposita toda a carga mental sobre as mulheres, o que nos deixa esgotadas, desconectadas e preparadas para praticar o falso autocuidado como solução individual para um problema de toda a sociedade. Também vamos entrar nos três principais modos como as mulheres são compreensivelmente seduzidas pelo falso autocuidado como um mecanismo de enfrentamento: escapismo, busca de sucesso e otimização. Por fim, você terá uma visão panorâmica de como a prática individual do autocuidado de verdade tem o poder de afetar as pessoas e os sistemas na sua vida. Descreverei casos da minha prática clínica, explicarei pesquisas científicas mais recentes sobre bem-estar e compartilharei minha própria história como uma mulher que procurou, muitas vezes de maneira confusa e improdutiva, implementar o autocuidado verdadeiro em sua vida.

Na Parte II, vamos arregaçar as mangas e pôr as mãos na massa. Vou me debruçar sobre o bem-estar eudaimônico e explicar por que o autocuidado de verdade está baseado nesse conceito psicológico. Depois, vou compartilhar minha estrutura básica — os quatro princípios do autocuidado de verdade:

- Estabelecer limites para os outros.

- Mudar a forma como você fala consigo mesma.

- Lembrar o que importa PARA VOCÊ.

- Usar seu poder para o bem.

Nos capítulos da Parte II, você vai encontrar ferramentas e exercícios para ajudar a pôr esses princípios em prática imediatamente. Recomendo ler os capítulos na ordem que escolhi, para ter total compreensão de como se complementam. Depois, quando estiver implementando a prática do autocuidado na sua vida, sinta-se livre para passar de uma seção a outra. No fim do livro, há um apêndice com exercícios para você acessar facilmente essas ferramentas no futuro.

VAMOS COMEÇAR

Este livro é uma carta para todas as mulheres no mundo que já pensaram em pegar o carro e deixar tudo para trás. E também a todas as mulheres tão atoladas no caos da vida que nem conseguiram parar e pensar em pegar o carro e deixar tudo pra trás. Quero que este livro seja um recurso poderoso para você e para as inúmeras mulheres como nós, que acabam decepcionadas com as listas de gratidão, os aplicativos de meditação e os óleos essenciais. A questão não é simplesmente que o status quo não serve; é que o status quo exige uma mudança gigantesca e radical — *e essa mudança começa dentro de todas nós.*

Ao terminar este livro, você vai ter clareza de como desenvolver práticas realmente acalentadoras — e transformadoras. Vai compreender que o autocuidado de verdade não é um substantivo, e sim um *verbo*. Talvez não seja tão fácil quanto comprar uma garrafa de água com um cristal, mas com certeza vai funcionar mais.

Sobre identidade, privilégio e sistemas de opressão

Escrevo este livro da perspectiva de uma mulher cisgênero e hétero. Fui criada no sudeste da Pensilvânia por um pai médico e uma mãe dona de casa, ambos imigrantes do Sul da Ásia. Ao longo da infância, passei bastante tempo em Bangalore, Índia, de onde são meus pais e minha família, e isso teve uma enorme influência em minha visão de mundo.

Em *Autocuidado de verdade*, uso "mulheres" com bastante frequência, referindo-me à definição emprestada de Silvia Federici,[1] que disse, quando lhe pediram que definisse o termo: "Para mim, sempre foi principalmente uma categoria política". Quando uso "mulheres", falo de todas as pessoas que sofreram sob as condições opressivas tipicamente associadas ao sexo feminino, incluindo pessoas queer, trans, não binárias, intersexo e agênero.

Minha prática clínica foca em pessoas que se identificam como mulheres, muitas das quais têm filhos, mas nem todas. Em um país sem licença parental remunerada obrigatória e onde o custo de criação de uma criança é astronômico, a maternidade pode ser um ponto crítico existencial para as mulheres. É importante notar, contudo, que não são só as mães que sofrem com a sobrecarga, e sim todos que foram condicionados a deixar as necessidades e preferências dos outros à frente das suas próprias.

Também é importante notar que os sistemas de poder afetam indivíduos de maneiras diferentes — aqueles que têm privilégios, como recursos financeiros, apoio familiar ou pele mais clara, terão maior facilidade em promover mudanças na própria vida, enquanto os mais marginalizados talvez precisem trabalhar mais para conquistar os mesmos resultados. Mulheres negras e indígenas, mulheres trans e queer, mulheres vivendo na pobreza e pessoas com múltiplas identidades vulneráveis costumam ser as mais sobrecarregadas. É justamente por isso que precisamos nos afastar dessa versão mercantilizada do bem-estar, que continua a defender e perpetuar sistemas desiguais de poder. Como você vai ver ao longo deste livro, o autocuidado de verdade é uma prática radical e necessária para pessoas com identidades marginalizadas — trata-se de uma estratégia para tirar o poder de sistemas predatórios, trazê-lo de volta para você e realizar uma mudança. Tradicionalmente, a autoajuda não reconhece as barreiras sistêmicas que mulheres e pessoas de grupos marginalizados enfrentam. Quero mudar isso, e ao longo do livro você vai ver que faço referência a sistemas de opressão como racismo, capitalismo tóxico, machismo e capacitismo. Embora a ideia não seja fazer uma lista exaustiva, as ferramentas que você vai aprender aqui ajudam a perceber como esses sistemas foram internalizados. Nos apêndices, incluí informações para encontrar profissionais de saúde mental especializados em trabalhar com grupos minoritários.

PARTE I
A TIRANIA DO FALSO AUTOCUIDADO

1. Calorias vazias
O falso autocuidado não nos salvou

Revoluções duradouras não acontecem de cima para baixo. Acontecem de baixo para cima.

Gloria Steinem

Minha paciente Erin, uma mulher de 38 anos com três filhos em idade escolar, queria arrancar os cabelos sempre que ouvia falar em "autocuidado". Na maior parte dos dias, ela acordava antes das cinco da manhã para responder a e-mails, arrumar as crianças para a escola e depois correr para o escritório, onde cumpria um expediente de dez horas. À noite, Erin pegava as crianças na escola, depois preparava o jantar, ajudava-as com a lição de casa e cumpria toda a rotina da hora do sono. Por volta das nove e meia, ela abria o laptop e trabalhava mais duas horas.

"Agora me diga, onde vou encontrar tempo para o autocuidado em meio a esse caos?", ela se lamentou comigo. "Não preciso de uma massagem de duzentos dólares, por melhor que seja. Preciso de mais cinco horas de sono à noite."

Sempre que Erin encontrava alguns minutos para fazer algo por si mesma, os conselhos que recebia pareciam bastante condescendentes: "aprenda a meditar" ou "faça uma lista de tudo pelo que se sente agradecida". Em vez de lhe dar algum alívio, tais recomendações só faziam com que se sentisse mal. "Se todo mundo parece se sentir melhor com um banho de espuma e uma taça de vinho, por que não consigo fazer isso funcionar para mim, qual é o meu problema?"

Hina, uma paciente de 29 anos, estava com dificuldade de atingir o almejado equilíbrio entre trabalho e vida pessoal. Em sua busca, ela se viu mergulhando de cabeça nas estratégias de otimização e produtividade. Era sempre a primeira em seu grupo de amigas a pedir comida de um restaurante novo e tinha a sorte de poder terceirizar tarefas domésticas de vez em quando. Seu foco na produtividade teoricamente estava a serviço de encontrar tempo para o autocuidado; no entanto, Hina nunca parecia capaz de dedicar a si mesma todo o tempo economizado. Quando conseguia uma hora extra, ficava irritada com a louça para lavar na pia e a culpa a acometia por não ter ficado mais no escritório.

Essas histórias são comuns na minha prática clínica. Vejo mulheres de todas as origens e todas as idades, solteiras ou com companheiro ou companheira, com ou sem filhos. Algumas delas lidam com depressão ou ansiedade, mas muitas tentam simplesmente encontrar uma maneira de cuidar de si próprias em meio a uma vida ocupada e agitada demais — isso ainda antes que a pandemia elevasse nossos níveis de estresse e ansiedade a proporções épicas. O que todas essas mulheres têm em comum é evidente: elas enfrentam dificuldades, e o que fazem no momento para encontrar alívio não está funcionando.

AS FALSAS PROMESSAS
DO FALSO AUTOCUIDADO

Nos últimos anos, notei algo curioso. Além de falhar em oferecer consolo, a obsessão cultural com o autocuidado faz as mulheres se sentirem mais culpadas e pressionadas. No consultório, sempre ouço comentários do tipo: "Estou esgotada, simplesmente não aguento mais, e ainda sinto que é minha culpa, porque eu deveria estar cuidando de mim mesma". O autocuidado acaba sendo um fardo, só um item a mais na lista de coisas pelas quais as mulheres se sentem culpadas por não fazer direito. Chamo isso de "tirania do autocuidado".

Minhas pacientes se sentem derrotadas e confusas, assim como eu. Além do mais, muitas de nós, com razão, consideram essas estratégias um insulto e se ressentem delas, ou porque simplesmente não têm tempo de colocá-las em prática, ou porque, quando as colocam, as estratégias não entregam o alívio prometido, ou ainda porque, quando entregam, o alívio não dura muito. É ridículo que um banho de espuma caríssimo seja a solução que tentam nos vender para as exigências impossíveis que recaem sobre a mulher do século xxi. Nossa cultura sempre impôs o bem-estar ao indivíduo — porque assim ele pode ser comprado, medido e considerado um sucesso pessoal —, em vez de investir em sistemas sociais saudáveis.

Conheço pessoalmente o poder de atração dessas supostas soluções — compartilhei na nota no início do livro minha imersão profunda em um culto do bem-estar. No entanto, antes mesmo dessa decisão dramática, aos vinte e poucos anos, elegi a ioga como solução para minha vida de estudante de medicina esgotada. A princípio, ajudou — minha aula de ioga semanal era uma pausa muito necessária à memorização do ciclo de Krebs, e passei a me sentir melhor no meu corpo. Porém, seguindo um padrão que observei em diversas pacientes, eu reproduzia na prática de ioga o mesmo perfeccionismo da faculdade de medicina. Quando não consegui cumprir a rígida programação que me impus, me achei um fracasso na mesma hora.

Também houve uma vez que assinei a revista *Real Simple*, convencida de que, se dominasse meu guarda-roupa exagerado, chegaria a uma sensação de satisfação interna. (Fico um pouco constrangida ao admitir que ainda tenho uma pilha dessas revistas juntando pó no fundo do armário.)

Os dados confirmam que o bem-estar mercantilizado não funciona. As mulheres americanas não só relatam níveis mais altos de estresse que os homens como também sentem que não estão fazendo um bom trabalho administrando esse estresse.[1] Um estudo canadense de 2018 com mais de 2 mil trabalhadores descobriu que as mulheres relatavam níveis mais altos de esgotamento do que os homens.[2] Uma revisão sistemática da Universidade de Cambridge conduzida por toda a Europa e a América do Norte descobriu que mulheres têm duas vezes mais chance que os homens de sofrer de ansiedade, e que há uma discrepância similar quando se trata de depressão.[3] Uma em cinco mulheres de 40 a 59 anos e quase uma em cada quatro mulheres acima de 60 receberam prescrição de antidepressivos nos Estados Unidos, de acordo com dados de 2015 a 2018. Com mulheres entre 18 e 39 anos, o número ficava próximo de uma em dez.[4]

Curiosamente, quem faz uma busca no Instagram encontra mais de 60 milhões de posts com a hashtag #SelfCare [autocuidado]. Ela é usada para tudo, desde ioga na praia até mães triunfantes e receitas de vitaminas "curativas". Se usarmos as redes sociais como guia, autocuidado parece ser qualquer coisa que sai bem na foto.

Como mencionei antes, esse é o *falso autocuidado* — comportamentos e práticas de bem-estar que costumam ser vendidos como remédios para os problemas das mulheres. Em muitos casos, o falso autocuidado é só um barato passageiro, que serve de válvula de escape da vida cotidiana e nos distancia mais um pouco de nosso verdadeiro eu. O falso autocuidado também é um grande negócio. Um relatório do Global Wellness Institute identificou que a indústria mundial do bem-estar, voltada principalmente para as mulheres, valia mais de 4,5 trilhões de dólares em 2017.[5] Embora produtos como uma garrafa de água com um cristal dentro ou sprays de travesseiro para estimular o nervo vago possam provocar uma sensação de calma temporária (ignorando o fato de que são caros demais para a maioria das mulheres americanas), eles não fazem nada para mudar os sistemas sociais que nos fazem ansiar por alívio, e assim o ciclo do consumismo segue ininterrupto. O falso autocuidado é falso porque, quando sozinho, sem o trabalho crítico interno abordado neste livro, não faz nada para mudar o quadro mais amplo.

UM COMENTÁRIO SOBRE INFLUENCIADORES

Se você é como eu, às vezes se pega olhando o Instagram ou outras redes sociais e se perguntando como é que as outras mulheres conseguem tempo para ter uma casa perfeita, filhos maravilhosos e cabelo e maquiagem impecáveis. É muito fácil ver perfis de influenciadores e pensar: *Nossa, olha só o que essas pessoas fazem, e parece tão fácil. Por que pra mim é tão difícil?* Quando influenciadores falam de um produto de bem-estar, é compreensível que você fique curiosa e pense: *Talvez seja a solução perfeita para todos os meus problemas!*

Quando você se pegar pensando assim, faça uma pausa. Como os influenciadores estão no celular e as pessoas carregam o celular o tempo todo, é fácil se sentir artificialmente próxima deles. Mas lembre que as redes sociais são um recorte. Quando você vê um influenciador divulgando um produto de bem-estar, verifique se ele está sendo pago para promovê-lo (se é uma publicação patrocinada, por exemplo). Influenciadores têm a oportunidade de desempenhar um papel na quebra da dinâmica do bem-estar mercantilizado, mas, embora alguns defendam uma mudança política e social, nem todos são críticos à indústria do bem-estar. Preste atenção: de que assuntos tratam, como divulgam os bastidores da própria vida e o tipo de avaliação que fazem ao promover produtos de bem-estar. Se notar que um influenciador não é transparente ou zeloso, considere se segui-lo faz com que você se sinta melhor ou pior. Embora haja um número de influenciadores cada vez maior tomando decisões informadas e conscientes sobre como se rela-

> cionam com a indústria do bem-estar, as redes sociais ainda são bastante parecidas com terra de ninguém. Como alvo principal da indústria do bem-estar, você deve exercer sua autonomia — e, portanto, seu poder — e ser crítica em sua relação com influenciadores e marketing nas redes sociais.

O AUTOCUIDADO NEM SEMPRE FOI TIRÂNICO

Como o autocuidado está em toda parte hoje — nas redes sociais, em podcasts, em sua troca de mensagens com os amigos —, é tentador acreditar que se trata de um conceito do século XXI. A verdade é que o autocuidado percorreu um longo caminho até se constituir em sua versão dos anos 2020. Ele tem duas principais origens: a assistência à saúde e a justiça social. Sua história é fascinante e ajuda a compreender por que o falso autocuidado ocupa o espaço amplo que conquistou hoje e por que continua se expandindo. Nessa história, podemos encontrar algumas pistas de como reivindicar o autocuidado como nosso outra vez.

Cerca de setenta anos atrás, na década de 1950, a psiquiatria usava o termo "autocuidado" para descrever o modo como pacientes institucionalizados podiam afirmar sua independência assumindo o controle de sua alimentação e praticando atividade física. Nos anos 1960, profissionais de enfermagem e medicina falavam de sua própria necessidade de autocuidado em resposta ao estresse traumático secundário. Nos anos 1970, o movimento do autocuidado passou da comunidade da saúde aos círculos ativistas quando o partido dos Panteras Negras começou a promover o autocuidado como uma maneira de pessoas negras preservarem sua humanidade diante do racismo sistêmico nos Estados Unidos. Foram as mulheres negras que atualizaram o conceito no discurso público. Audre Lorde desenvolveu essa ideia conceituando o autocuidado como um ato poderoso para reivindicar espaço em uma sociedade que exigia que minorias e grupos oprimidos se mantivessem pequenos ou invisíveis. Como ela escreveu em "Uma explosão de luz", de 1988: "Cuidar de mim mesma não é autoindulgência, é autopreservação, e isso é um ato de guerra política".[6] Como discutiremos no capítulo 3, o autocuidado de verdade se baseia nessa noção e, quando implementado de forma autêntica, tem o potencial de transformar nosso sistema falido.

Nos anos 1990, quando a economia da assistência à saúde mudava nos Estados Unidos, profissionais da área começaram a encorajar pacientes com condições crônicas como diabetes e pressão alta a assumir a responsabilidade por sua saúde, em vez de serem receptores passivos de tratamento.[7] Pesquisadores descobriram que, para pessoas que viviam com doenças crônicas, o autocuidado na forma de atividade física, alimentação saudável, controle do estresse e outras intervenções no estilo de vida estava associado a melhora na saúde.[8]

O autocuidado como uma suposta cura, tal qual o conhecemos hoje, evoluiu em conjunto com um mundo cada vez mais conectado. Com a popularização dos smartphones, um ciclo de notícias de 24 horas e uma infinidade de maneiras de ficar em contato com familiares, amigos e completos desconhecidos através das redes sociais, vimos crescer a necessidade paralela de um bálsamo para a sobrecarga de estímulos. O autocuidado não estava mais relegado ao domínio da saúde, tampouco era uma questão de enfrentar sistemas opressivos. Ele se transformou em válvula de escape, pensada para dar uma sensação momentânea de que tudo estava bem. Nos anos 2010, o termo "autocuidado" explodiu nas redes sociais e se inseriu na vida cotidiana das mulheres. Quanto mais disfuncionais e fora de controle as estruturas sociais se mostravam, mais as redes sociais se enchiam de fotos de mulheres aparentemente levando uma vida maravilhosa em algum lugar pitoresco. (Curiosamente, as pesquisas no Google por *self-care* [autocuidado] tiveram seu ápice em novembro de 2016, depois das eleições nos Estados Unidos.)[9]

Como psiquiatra, tenho um interesse compreensível na relação entre a explosão do falso autocuidado e o status dos tratamentos em saúde mental. Embora nem todo mundo que se envolve com o falso autocuidado precise de serviços profissionais de saúde mental, os sintomas de um transtorno depressivo maior ou de ansiedade clínica se sobrepõem de maneira relevante aos sintomas de esgotamento e estresse crônico. Mas o tratamento em saúde mental (como sessões de terapia ou psiquiatria) tem um custo financeiro elevado que não costuma ser coberto por planos de saúde, de modo que continua inacessível a muitos. Além disso, leva tempo. A terapia não tem resultados instantâneos — uma pessoa pode levar meses para ver algum progresso (ou até mesmo para conseguir sair da lista de espera e ser atendida!). Encontrar a medicação certa também leva tempo. Além disso, as soluções aparentemente fáceis e maravilhosas do falso autocuidado são bem mais simples e atrativas. Por que brigar com o plano de saúde quando você pode simplesmente comprar o pacote de vitaminas que seu influenciador preferido recomenda e recebê-lo em casa no dia seguinte?

Assim, não podemos falar sobre falso autocuidado sem falar sobre saúde mental. Tampouco podemos falar sobre tudo isso sem reconhecer o enorme descompasso no acesso a serviços de saúde mental. Há muitas questões operando na interação entre saúde mental e soluções de bem-estar. Primeiro, a falta de educação e conscientização de muitas mulheres quanto ao que constitui uma condição clínica de saúde mental. Segundo, o estigma de fazer terapia ou ter acompanhamento psiquiátrico. Por fim, mesmo superando todos esses problemas que não são insignificantes, falta cobertura por parte dos planos, e assim um bom psicólogo ou psiquiatra só fica acessível aos mais privilegiados. Nesse contexto, com o tratamento em saúde mental inacessível para a maior parte da população, nossa cultura oferece o falso autocuidado como uma solução rápida e um péssimo substituto para a ajuda profissional. Não é minha intenção envergonhar ninguém aqui — na verdade, quando se está clinicamente deprimido ou ansioso, encontrar um terapeuta e brigar com o plano é ainda mais difícil. Não é de admirar que fiquemos vulneráveis ao marketing engenhoso do falso autocuidado.

Chegou a hora de uma nova evolução do autocuidado, que deve assumir uma nova definição. Essa definição exige um olhar mais profundo, voltado para dentro, e o desenvolvimento de um método interno confiável — em vcz de algo prescrito por uma empresa ou um influenciador, algo que vem de dentro de você.

> **COMO SABER QUE É HORA
> DE BUSCAR AJUDA PROFISSIONAL**
>
> Como médica, acho importante destacar que há uma diferença entre o tratamento de uma condição de saúde mental — como um transtorno depressivo importante — e atividades para o bem-estar. É crucial não confundir o falso autocuidado (e mesmo o autocuidado de verdade) com um tratamento destinado a uma condição médica. Ao longo deste livro, apontarei os principais aspectos a serem observados para diferenciar uma condição clínica de algo que pode ser abordado com autocuidado de verdade, e mostrarei quando é preciso buscar ajuda profissional. No apêndice, incluí informações para ajudar a encontrar um profissional de saúde mental.

FALSO AUTOCUIDADO × AUTOCUIDADO DE VERDADE

Minha paciente Shelby é um bom exemplo para ilustrar a diferença entre o falso autocuidado e o autocuidado de verdade. Ela é uma mulher branca de 32 anos, casada, que me procurou para ajudar a administrar uma depressão que estava sob controle havia muito tempo — por meio de psicoterapia e medicação. Ao longo de seu tratamento terapêutico, ela teve sua primeira bebê. Shelby se considerava alguém que andava na linha. Desde que buscara tratamento para sua depressão pela primeira vez, aos vinte e poucos anos, ela nunca deixara de cuidar de sua saúde mental. Trabalhava em uma agência de publicidade importante e vinha subindo na carreira. Adorava o emprego e adorava ser produtiva. Tinha um relacionamento saudável com o marido, Mark, com quem estava desde o ensino médio. Quando os dois decidiram tentar engravidar, passaram um bom tempo considerando as várias responsabilidades que teriam e se comprometendo com uma divisão igualitária do trabalho doméstico. Juntos, Shelby e Mark discutiram diferentes cenários para suas finanças e quanto tempo ela ficaria afastada do trabalho na agência, uma vez que era a principal provedora da família.

Antes de ter uma filha, a estratégia de autocuidado central de Shelby era a atividade física — ela adorava correr e tinha um aparelho elíptico em casa. Shelby havia descoberto que, em conjunto com terapia e medicação, a atividade física diária era incrivelmente importante para a saúde mental e a saúde de seu relacionamento.

Shelby entrou em trabalho de parto algumas semanas antes da data prevista. Como sua filha Felicity nasceu prematura, seu reflexo de sucção ainda não estava plenamente desenvolvido, e ela tinha dificuldade na pega durante a amamentação. Shelby, acostumada a resolver problemas e a "fazer acontecer", procurou resolver a questão. Levou Felicity a um especialista em freio curto e seguiu diligentemente as recomendações de uma pediatra especialista em aleitamento, que indicou três passos: colocar Felicity no peito por certo tempo, tirar leite com bomba para manter a produção elevada e oferecer fórmula à bebê para garantir o ganho de peso.

Apesar de todo o esforço, Felicity continuava sem ganhar peso e se mantinha fora da curva de crescimento. A amamentação era uma longa batalha, porque Felicity parecia não gostar do peito. Em geral, terminava em lágrimas (da filha e da mãe). Durante esse período, Shelby, já privada de sono, buscava consolo na atividade física, sua prática de autocuidado rotineira. Ela não podia correr, porque acabara de parir, por isso usava o elíptico. Tinha pouquíssimo tempo para se exercitar, e quando o fazia ficava chateada porque seu corpo não respondia mais como antes. Shelby começou a frequentar aulas para puérperas e bebês, mas aquilo só a deixava mais estressada, porque ela comparava o desenvolvimento de Felicity com o das outras crianças. Quanto mais Shelby se esforçava para encontrar soluções de autocuidado (que já haviam funcionado para ela no passado), mais desconectada se sentia de si mesma e de sua família.

Um dia, em uma consulta comigo, Shelby descreveu uma sensação nova que estava começando a compreender. Durante o aleitamento, depois da briga para que Felicity pegasse o peito, Shelby a passava para o marido e ia ordenhar leite enquanto ele dava a mamadeira, fazia com que a bebê arrotasse e depois a ninava. Naqueles momentos, Shelby se pegava olhando para o marido com inveja e ressentimento. Ele tinha tempo de qualidade com a bebê e ficava com a melhor parte, enquanto Shelby, como mãe, se via presa na angústia de fazer dar certo algo que claramente não estava funcionando. Ela se deu conta de que estava começando a nutrir sentimentos negativos em relação à filha — estava ressentida com Felicity por ela não contribuir para o planejamento nem mamar no peito como deveria. Ao mesmo tempo, Shelby se deu conta de que, se quisesse ser a mãe que esperava, precisava desistir de amamentar. Depois de tomar essa decisão, notou que começava a se sentir mais como si mesma. Passou a dormir mais e a se sentir mais confortável com seu corpo. Voltou a sair para correr um pouco sem precisar se esforçar. Sentia-se mais relaxada quando encontrava outras mães.

Em seu best-seller *Sem esforço: Torne mais fácil o que é mais importante*, o autor e especialista em liderança Greg McKeown elucida um importante ponto na tomada de decisões: a diferença entre métodos e princípios. "Um método pode ser útil uma vez, para resolver um tipo específico de problema. Os princípios, no entanto, podem ser aplicados ampla e repetidamente",[10] ele escreve. O falso autocuidado é um método — sair para correr pode melhorar seu humor na hora —, mas não faz nada para mudar as circunstâncias da sua vida que levaram você a se sentir esgotada, sem energia, para baixo. Por sua vez, o autocuidado de verdade envolve ir fundo e identificar os princípios centrais que guiarão sua tomada de decisão. Quando você aplica esses princípios na sua vida, não se sente aliviada só na hora: cria um sistema de vida que previne os problemas. Em outras palavras: aplicar uma metodologia do falso autocuidado é algo reativo, enquanto praticar o autocuidado de verdade é proativo. Voltando a Shelby: atividade física e o grupo de puérperas eram métodos que pareciam úteis, mas que naquela nova fase da vida dela não tinham efeito duradouro.

Quando decidiu parar de amamentar, Shelby estava se alinhando aos princípios do autocuidado. Ela estabeleceu limites (Shelby vinha de uma família grande que morava na mesma região e adorava dar palpite não solicitado sobre como deveria ser a alimentação da bebê), demonstrou compaixão consigo mesma (reconhecendo que começava a se sentir ressentida com a filha e o marido), identificou seus valores (ao priorizar seu relacionamento com a filha e o marido) e exerceu seu poder (usando sua autonomia para fazer uma escolha difícil). Seu método particular de autocuidado de verdade na condição de mãe recente foi abrir mão da amamentação e aceitar um novo caminho que priorizava seus relacionamentos.

Para deixar claro: não é que a atividade física ou o grupo de apoio fossem soluções ruins (na verdade, para mitigar uma depressão leve os psiquiatras muitas vezes recomendam o movimento como uma estratégia baseada em evidências). A questão era que a atividade física estava causando estresse psicológico porque Shelby comparava seu desempenho com o de antes da gravidez. De maneira similar, o grupo de puérperas a deixava ansiosa em relação ao desenvolvimento da bebê. Quando começou a praticar autocuidado de verdade e reviu o aleitamento de Felicity, Shelby descobriu que podia voltar à atividade física de modo mais saudável e pegar mais leve consigo mesma nos encontros do grupo de mães.

Conforme avançarmos neste livro, você vai ver que seus métodos próprios de autocuidado de verdade diferem conforme a situação. Mas fica evidente que os princípios são consistentes. Se você começar a implementá-los em sua vida (e nem é preciso fazer isso com perfeição, basta começar), vai ver que é fácil perceber quais são os seus métodos de autocuidado de verdade.

E SE EU GOSTAR DE VERDADE DO PAPO DE BEM-ESTAR?

A história de Shelby me obriga a fazer uma advertência importante. Sei que algumas de vocês gostam de práticas de bem-estar — como ioga, meditação ou trabalho energético — e aguardam ansiosamente por elas. Não estou aqui para fazer com que se envergonhem desse tipo de atividade.

Na verdade, depois que deixei o culto, fiz algumas sessões de reiki, inclusive enquanto escrevia este livro! Isso pode soar confuso, já que a premissa da solução que estou propondo parece ser contrária ao bem-estar mercantilizado e a práticas ditas alternativas. O ponto é: uma aula de ioga pode fazer muito bem a uma pessoa, enquanto para outra pessoa é apenas uma estratégia de fuga ou uma válvula de escape. Como discutimos, há um número infinito de métodos que você pode usar para cuidar de si mesma — meu objetivo aqui é oferecer princípios que você possa implementar para descobrir seus próprios métodos. *O autocuidado de verdade não é um substantivo, e sim um verbo.* Assim, é possível que o trabalho do autocuidado de verdade (estabelecer limites, ter compaixão por si mesma, deixar seus valores claros) no seu caso aponte para uma atividade de bem-estar. Por exemplo, se você tiver uma conversa difícil com seu companheiro ou sua companheira sobre precisar de espaço na semana para sua aula de ioga e de fato se tratar com bondade durante essa aula e refletir como a prática está alinhada com seus valores, isso é autocuidado de verdade! O trabalho interno que leva você à aula de ioga é a parte sustentável e confiável do negócio — talvez em certas épocas da sua vida o método seja ioga, talvez em outras épocas você precise de um método diferente. O processo interno — o autocuidado de verdade — é atemporal.

FALSO AUTOCUIDADO × AUTOCUIDADO DE VERDADE

No começo, pode ser um pouco difícil diferenciar o falso autocuidado do autocuidado de verdade. A tabela a seguir pode ajudar a identificar as diferenças.

Falso autocuidado	Autocuidado de verdade
Prescrito de fora	Tem origem dentro de você
Um substantivo que em geral descreve uma atividade ou um produto	Um verbo que descreve um processo de tomada de decisão interno e invisível
Exemplos comuns: aula de ioga, aplicativo de meditação, creme de rosto caro	O processo interno que ocorre antes que você escolha fazer ioga, baixar um aplicativo de meditação ou passar um creme de rosto caro
Mantém o status quo nos seus relacionamentos e não faz nada para mudar sistemas maiores	Permite que suas necessidades sejam atendidas em seus relacionamentos e pode promover mudança na família, no ambiente de trabalho e em sistemas maiores
Muitas vezes faz com que você se sinta mais distante de si mesma	Faz com que você se sinta mais próxima de si mesma e do que considera mais importante
Em geral é acompanhado de sentimento de culpa (ou por nunca conseguir fazer ou por negligenciar outras responsabilidades para conseguir fazer)	Exige aprender a lidar com o sentimento de culpa como parte do processo
Permite que você evite ou ignore custos emocionais e riscos	Vem com um custo emocional no curto prazo a fim de colher ganhos emocionais no longo prazo

Agora que você já tem uma noção melhor de como diferenciar o falso autocuidado do autocuidado de verdade, considere as seguintes questões:

- Que tipos de falso autocuidado você já experimentou?
- Quando você fica mais propensa a recorrer ao falso autocuidado?
- Que aspectos do falso autocuidado fazem com que se sinta mais decepcionada?
- Já houve atividades ou práticas de bem-estar que ajudaram você de fato?
- Essas atividades trouxeram à tona sentimentos ou pensamentos em relação a si mesma?
- Para incluir atividades de bem-estar úteis na sua vida, você notou mudanças em como fala consigo mesma ou em como aborda seus relacionamentos? Em caso positivo, que mudanças você notou?

Ao longo da leitura, retorne a essas questões para distinguir que atividades recaem na categoria do falso autocuidado e que atividades estão alinhadas com o autocuidado de verdade. Com o tempo, vai ser natural fazer essas perguntas a si mesma.

2. Por que é difícil resistir à sedução
Os motivos que nos levam a recorrer ao falso autocuidado

> *O que eu quis dizer com "Não tenho tempo" é que a cada minuto que passa estou decepcionando alguém.*
>
> Kate Baer

Cinco anos atrás, esgotada no trabalho e tentando descobrir o que queria fazer depois, decidi passar uma semana no Esalen de Big Sur, um centro de bem-estar deslumbrante sobre um penhasco, com vista para o oceano Pacífico. Considerando minha bolsa da residência, o retiro era uma ostentação, por isso o levei *muito a sério*. Eu queria a resposta de algumas das Grandes Questões da Vida e estava determinada a obtê-las até o fim da semana. Gostei muito dos banhos de enxofre à beira-mar, das massagens curativas e das torradas com abacate. E me mantive firme na escrita de diário e na meditação enquanto procurava respostas para as perguntas profundas que eu tinha, respostas que eu estava convencida de que aquele retiro proporcionaria.

Um dia, conheci um casal na faixa dos sessenta anos que ia ao Esalen todos os anos, havia décadas. Enquanto comíamos quinoa com abóbora no almoço, eles me contaram que era a terceira vez que tiravam férias aquele ano. Eu me senti pessoalmente ofendida e moralmente ultrajada — não se tratava de férias! O que eu fazia ali era um trabalho sério! Em retrospectiva, percebo que o casal devia estar mais bem encaminhado do que eu quando se tratava do que o bem-estar pode nos oferecer e o que não pode. O bem-estar pode oferecer alívio temporário, mas não vai nos mudar por dentro, a menos que primeiro façamos o trabalho do autocuidado de verdade.

Neste capítulo, quero que você examine de perto como o falso autocuidado aparece na sua vida. Muitas de nós não reconhecem a mentalidade que nos conduz ao falso autocuidado. O primeiro passo para mudar é ter consciência do que não está funcionando, por isso neste capítulo vou apresentar as três principais razões que nos fazem cair no falso autocuidado:

- Escapismo.
- Busca de sucesso.
- Otimização.

É importante recordar que esses mecanismos de enfrentamentos não são *ruins*, nós recorremos a eles para obter alívio em períodos de estresse e sobrecarga. Em geral, os três vêm de um desejo — que é compreensível — de controlar nossa vida e nossas circunstâncias. A questão é que muitas vezes eles não atendem às nossas necessidades mais profundas, e acabam funcionando como um curativo em vez de serem uma solução sustentável. Você pode se reconhecer em mais de um desses exemplos, e tudo bem. Em geral, recorremos a todos esses mecanismos em diferentes momentos — inclusive eu. Vamos vê-los um a um, juntas.

FALSO AUTOCUIDADO COMO ESCAPISMO

Minha paciente Monique, de 25 anos, é de uma família de imigrantes religiosa, fechada e controladora, com expectativas bastante elevadas. Seu pai tem uma deficiência, e ela sempre se sentiu responsável por ele. Como enfermeira, a vida de Monique envolvia trabalhar, trabalhar, trabalhar e trabalhar, até não aguentar mais. Seus pais contribuíram em muito para essa mentalidade, tendo emigrado do Oriente Médio para os Estados Unidos antes que ela nascesse e construído um pequeno negócio bem-sucedido. A cada seis meses, Monique esbanjava em um retiro caro — ia fazer ioga em Bali, meditação zen-budista no interior do estado de Nova York, equoterapia em Montana.

Em nosso trabalho terapêutico, Monique e eu nos demos conta de que essas viagens periódicas eram uma válvula de escape. Sempre que ia para um retiro — onde ficava sob os cuidados de funcionários atenciosos, com aulas de ioga e massagens agendadas para ela —, Monique se sentia não apenas mimada, mas profundamente bem-cuidada, ainda que por desconhecidos. Era uma mudança bem-vinda para ela, que na vida real não permitia que outros cuidassem dela e sempre desempenhava o papel de cuidadora. Quem não gosta de ser mimada e bem-cuidada? Só que isso nunca se traduzia em mudança real. Embora Monique deixasse os retiros se sentindo renovada, nunca aprendia a integrar nenhuma das rotinas em sua vida cotidiana. O dia a dia agitado e sobrecarregado a derrubava assim que ela voltava.

Apesar de a cultura do bem-estar vender o autocuidado como uma fuga de si mesmo, a verdade é que, não importa quanto falso autocuidado seja adotado, *você continua sendo você*. Usar o autocuidado para fugir da vida cotidiana, ainda que seja agradável na hora, dificilmente leva a uma mudança duradoura. Isso porque nosso verdadeiro eu reside nas escolhas diárias, e quando se usa o falso autocuidado como mecanismo de enfrentamento não é preciso tomar nenhuma decisão real.

Considere o retiro de bem-estar típico, como aqueles a que Monique ia periodicamente ou o Esalen, que eu mesma procurei. Ioga na praia às oito da manhã, suco desintoxicante de almoço, terapia sonora antes do jantar — é você quem define a programação. Dependendo do seu interesse (e do seu orçamento), pode ser uma semana em um spa, meditação nas montanhas ou até mesmo fazer manicure e pedicure. De qualquer forma, você se "retira" do mundo real e se fecha em um belo ambiente, com comida saudável, um entorno agradável e foco total no desenvolvimento pessoal. Vendidas como um modo de desenvolver um estilo de vida mais saudável e de promover hábitos baseados no bem-estar, essas fugas temporárias nos livram (pelo menos por um momento) das decisões difíceis que precisam ser tomadas na vida cotidiana. Quem entre nós não se sente livre e até eufórico quando pensa na possibilidade de escapar da rotina?

Essa sensação de euforia — esse barato — me lembra a fala de um roqueiro famoso diante de um grupo de fãs durante um jantar em um retiro de bem-estar (claro). Ele estava sóbrio fazia anos e continuava assim, mas havia dito na terapia que sentia que precisava voltar para a reabilitação. Não porque tivesse vontade de consumir drogas ou álcool, mas porque precisava de uma semana com estruturas predefinidas, que o isentassem da necessidade de tomar qualquer decisão. A terapeuta lhe sugeriu ir a um retiro de bem-estar.

Isso faz total sentido quando se considera que retiros de bem-estar muitas vezes são moldados em programas de reabilitação de doze passos, nos quais você se hospeda por alguns meses, fica sóbrio, desenvolve hábitos saudáveis e habilidades de enfrentamento e volta para o mundo com essas novas ferramentas. A má notícia é que diversas pessoas que sofrem de desordens relacionadas ao abuso de substâncias têm dificuldade de se manter sóbrias quando estão fora do centro de reabilitação. É também o que acontece com muitas pessoas que têm dificuldade de continuar cuidando de si mesmas da maneira apropriada quando saem do confinamento do retiro.

De forma consciente ou não, todas nós nos voltamos ao falso autocuidado devido a um desejo de escapar de nós mesmas. Podemos estar fugindo da dor ou da devastação de um casamento fracassado ou da morte de um parente. É compreensível — nos momentos difíceis, procuramos um refúgio, um lugar onde descansar das tragédias da vida. Como mencionei na nota no início do livro, foi por isso que me juntei a um culto — porque procurava uma fuga. Talvez você não esteja fugindo de uma perda, mas da labuta do dia a dia, do fato de que até as menores decisões carregam muita bagagem emocional. "Faço um bolo para o evento da escola ou compro pronto? Se comprar pronto, isso significa que sou uma péssima mãe? Não tenho tempo de fazer bolo. Talvez eu deva esquecer a academia hoje à noite." O retiro de bem-estar acaba com esse conflito interno. *Temporariamente.*

A verdade é que as armadilhas do dia a dia, as dificuldades interpessoais, os conflitos internos, tudo isso é o que nos torna quem somos. É nas decisões que tomamos no mundo real que somos moldados e descobrimos o que de fato importa. Entendo que às vezes parece difícil demais. Separar o que está funcionando do que não está, em meio ao caos da vida, depois agir para resolver o que não está, é bastante complicado. Mas garanto que soluções rápidas nunca fornecem alívio sustentável.

Dito isso, ninguém deveria se envergonhar do desejo de fuga. Como vou detalhar no próximo capítulo, nós, mulheres em particular, não podemos contar com o privilégio de ter tempo e espaço para reflexão. É por isso que o público dos retiros é esmagadoramente feminino.[1] Para muitas de nós, a única maneira de realmente se ouvir é se afastar de tudo. E às vezes um retiro ou um refúgio de bem-estar é o primeiro passo no processo mais longo e mais profundo de desmantelar o que não está funcionando em nossa vida. Mas com uma semana de autocuidado em um paraíso tropical você dificilmente atingirá o nirvana e voltará para casa de fato renovada. O trabalho de verdade começa assim que o retiro termina.

O FALSO AUTOCUIDADO PODE ESTAR SENDO USADO COMO ESCAPISMO, SE VOCÊ SE IDENTIFICA COM ESTAS AFIRMAÇÕES

- Na vida diária, gasto pouquíssimo tempo e energia refletindo sobre minhas necessidades.
- Tenho o costume de tomar decisões extremas.
- Sou do tipo "tudo ou nada": ou entro com tudo ou nem quero saber.
- Me sinto uma pessoa completamente diferente quando estou viajando ou quando estou em um retiro.
- Preciso me afastar dos outros para voltar a me sentir eu mesma.

AUTOCUIDADO COMO MEDIDA DE SUCESSO

Minha paciente Sharon, uma mulher branca de 45 anos que acabara de se mudar de Nova York para Washington, DC, construiu sua vida em torno do sucesso profissional. Dos vinte e muitos aos trinta e poucos, ela se concentrara totalmente na carreira de jornalista, subira na hierarquia da redação e construíra um portfólio impressionante. Tendo crescido em uma cultura que valoriza o bem-estar, Sharon não era alguém que ignorava o seu próprio bem-estar. Sem dúvida sua família a influenciara. Crescera com uma mãe solo que não tivera a oportunidade de fazer faculdade, e por isso estava decidida a ter uma vida diferente daquela que experimentara quando pequena. Sharon comia bem e estava em forma, fazia spinning e seguia uma dieta estrita, sem alimentos ultraprocessados. Duas vezes por ano, ia a um retiro de ioga para recarregar as energias. Quando a conheci, no entanto, ela havia acabado de ser demitida, vítima de uma indústria midiática volátil.

Sem a estrutura de ascensão na carreira, Sharon se sentiu perdida, o que a levou a mergulhar de cabeça no mundo do bem-estar. Ela se inscreveu em um curso para se tornar professora de ioga, começou a correr e leu todos os livros de autoajuda que conseguiu encontrar. Sharon empregou o mesmo foco que adotava no mundo profissional em sua paixão recém-descoberta pelo "autocuidado". Mas, apesar da atividade frenética, ela ainda se sentia isolada e desesperada.

Em nosso trabalho juntas, concluímos que o "autocuidado" em que Sharon estava envolvida antes e depois da demissão era apenas um meio para um fim. Seu objetivo era vencer e se certificar de que as pessoas em sua vida soubessem que ela era uma vencedora. Sharon fazia uma selfie depois de cada aula de ioga. Registrava obsessivamente suas corridas em uma planilha. Em qualquer atividade que realizava, adotava um padrão interno e se avaliava o tempo todo para conferir se estava à altura dele. Sharon me revelou que, uma vez, depois de voltar de um retiro de ioga exclusivo, ela não se sentiu nem um pouco melhor em relação a si mesma. Tinha passado a semana toda obcecada com as posturas invertidas e com sua aparência nas roupas de ioga.

Isso porque, em seu íntimo, Sharon nutria um sentimento profundo de que não era digna. Desde muito nova, o perfeccionismo era seu escudo. Ela fora ensinada — pela família e pela cultura de modo geral — que seu valor estava ligado a suas realizações, e não importava quão bem se saía porque nunca ficava convencida de seu valor intrínseco e essencial. Como muitas de nós, Sharon tinha um fantasma faminto dentro de si, que pregava peças em seu apetite. Na filosofia budista, fantasmas famintos são descritos como criaturas esqueléticas com pescoço comprido e barriga grande, que estão sempre com fome mas nunca se saciam. Ali estava Sharon, acumulando elogios na vida profissional, participando de triatlos e se tornando professora de ioga em nome do "bem-estar", mas sem sentir orgulho de verdade de nada daquilo. É que seu autocuidado não se baseava em cuidado ou compaixão consigo mesma. A voz interna que a guiava para o autocuidado era a mesma voz interna que a fazia ficar acordada até tarde da noite trabalhando em suas apresentações: vergonha.

Sharon não é a única. Muitas de nós crescem com a sensação de que não são suficientemente boas. E, para algumas mulheres, esse déficit parece tão grande que a necessidade de ser bem-sucedida as cega. Uma pesquisa com 2 mil mulheres conduzida em 2016 pelo Vigilantes do Peso descobriu que as mulheres criticam a si mesmas em média oito vezes por dia, e que essas críticas têm início antes das nove e meia da manhã para a maior parte delas.[2] Das mulheres entrevistadas, 60% disseram que em alguns dias criticavam a si mesmas sem parar. Para mulheres alimentadas por esse tipo de autocrítica, como muitas de nós somos, a vida pode parecer uma série de corridas que precisam ser vencidas para que nosso valor seja reconhecido. Nesse contexto, o falso autocuidado se torna outra atividade em que se destacar, outra arena a conquistar, como tudo na vida. Não importa que se ver presa a esse ciclo seja exaustivo e não contribua em nada para proporcionar uma sensação duradoura de realização ou valor.

O desejo de ser bem-sucedida, muitas vezes inconscientemente motivado pela vergonha, em geral se manifesta em uma busca implacável por realizações no falso autocuidado, realizações que não nos satisfazem de verdade. Pelo contrário: praticar o falso autocuidado como mecanismo de enfrentamento nesse sentido só nos coloca no caminho da competição sem fim, deixando-nos cansadas, esgotadas e menos envolvidas com o que de fato é importante na vida.

Diferentemente das mulheres que usam o falso autocuidado como escapismo — que pelo menos parece fornecer algum alívio, embora sem benefícios duradouros —, aquelas que usam o falso autocuidado como medida de sucesso muitas vezes acabam desmoronando. Minha paciente Priya, de 32 anos, é um exemplo. Ela estava grávida do primeiro bebê quando nos conhecemos, e na maior parte de sua vida adulta vinha lutando contra um transtorno de ansiedade. Criada em uma família do Sul da Ásia que priorizava o sucesso, Priya sempre fora uma aluna nota dez, estudara direito em uma faculdade de prestígio e se juntara a um dos mais importantes escritórios de advocacia de Washington, DC, antes de decidir começar uma família. A gravidez acrescentara uma nova camada de expectativas em sua vida, e ela lidava com a pressão mergulhando na ortodoxia do autocuidado. Priya registrava seus passos obsessivamente em um relógio, monitorava sua alimentação de maneira religiosa e se empenhava na ioga pré-natal. Ela se juntara a diversos grupos no Facebook relacionados a gravidez e se orgulhava de postar fotos e atualizações de sua rotina de autocuidado, além de dar conselhos de como outras mulheres podiam praticar o autocuidado.

Não que uma alimentação saudável e atividade física sejam ruins — na verdade, são práticas aconselháveis durante a gravidez. A lição aqui é que Priya estava usando a alimentação e a atividade física da forma errada; a pressão que vinha junto com essas práticas a prejudicava e não contribuía em nada para melhorar seu bem-estar emocional. Ela ficava em pânico quando perdia uma aula de ioga e tinha parado de sair para jantar com amigos a fim de controlar melhor a alimentação. Via-se em um conflito: como equilibrar o autocuidado e as demandas crescentes no escritório de advocacia. Quando descobriu que tinha diabetes gestacional, no terceiro trimestre, ficou desesperada.

Ao longo de muitas consultas, descobrimos que Priya estava usando o autocuidado durante a gravidez como um boletim para si mesma. Ela achava que, se fosse perfeita no autocuidado, seria uma boa mãe, teria um parto tranquilo e garantiria a segurança do bebê. Mais que isso: seu desempenho no autocuidado significava que estava no controle da maternidade desde o começo; inconscientemente, o bebê havia se tornado o espelho de seu desejo de sucesso. Através da terapia, Priya, criada em uma família caótica e vítima de abuso emocional quando criança, chegou à conclusão de que estava profundamente preocupada com a possibilidade de ser uma mãe ruim. Focar em sucesso no autocuidado como meio de atingir uma versão idealizada da maternidade era uma maneira de se defender psicologicamente de seus medos mais profundos.

Como Priya ou Sharon, seja através do foco exagerado na alimentação, na atividade física ou no autodesenvolvimento, você pode estar usando o falso autocuidado para medir seu sucesso. Nossa cultura, obcecada por redes sociais, intensifica esse padrão, garantindo que cada performance de autocuidado tenha seu público. Aqui, o falso autocuidado é capturado pela bolha do perfeccionismo, do vício no trabalho e do capitalismo. Fazer tratamento facial toda semana e não perder nenhuma aula na academia são mais medalhas a exibir. Infelizmente, essas atividades externas são incapazes de produzir de maneira sustentável o que buscamos — dignidade, aceitação, alívio. Para mulheres que se veem capturadas nessa tendência de usar o falso autocuidado como forma de defesa contra a baixa autoestima, o antídoto não é fazer mais aulas de spinning ou beber leite dourado. O antídoto é o trabalho contínuo do autocuidado de verdade.

> **O FALSO AUTOCUIDADO PODE ESTAR SENDO USADO COMO MEDIDA DE SUCESSO, SE VOCÊ SE IDENTIFICA COM ESTAS AFIRMAÇÕES**
>
> - Costumo ter padrões de medição em mente.
> - A ideia de perder — seja na vida profissional ou pessoal — me enlouquece.
> - Meu valor pessoal depende bastante de minha habilidade de ser vista como bem-sucedida.
> - Costumo me comparar com os outros.
> - Costumo me sentir mal ou indigna quando não estou à altura dos outros.

AUTOCUIDADO COMO OTIMIZAÇÃO

Anita, de 42 anos, era uma coreana-americana mãe de três filhos e dona de um pequeno negócio. Seu companheiro era piloto de avião e passava semanas fora, o que tornava Anita a principal responsável pela casa. Se alguém precisava de ferramentas para poupar tempo e aumentar o foco na organização, era ela. Quando encontrei Anita pela primeira vez, muitos anos atrás, ela se sentia desconectada da própria vida e dos próprios filhos. Seus dias eram planejados até o último minuto, porque ela sentia que precisava. Se tudo não corresse de acordo, com certeza entraria em ruína. Anita organizava a casa da mesma maneira que administrava seu pequeno negócio: sendo muito competente e dando ênfase à produtividade e ao controle. Não era de surpreender: a mãe dela também personificava a eficiência total na administração do lar. Para Anita, isso significava pesquisa e terceirização constantes, de entrega de marmitas a compras recorrentes na Amazon e uso constante do TaskRabbit. Anita já havia testado todas as formas possíveis de poupar tempo, a serviço da meta fugidia de reservar um momento para o autocuidado.

Talvez você não pense que entrega de marmitas ou outras estratégias para economizar tempo sejam falso autocuidado, e eu mesma não pensava assim a princípio. Mas, quando compreendi a distinção entre métodos e princípios, que apresentei no último capítulo, foi como se uma lâmpada se acendesse no meu cérebro. O serviço de entrega de comida é um método, e não um princípio. O que aprendi trabalhando com pacientes como Anita ao longo dos últimos anos foi que, olhando de perto, esses serviços para otimizar o estilo de vida de mulheres ocupadas que precisam de ajuda em casa têm uma desconfortável semelhança com retiros de bem-estar ou dietas da moda, pois são *métodos*. Eles são vendidos como *a solução*, como se todo o trabalho duro estivesse resolvido quando você consegue abrir uma hora no seu dia. E, com certeza, se você tem os meios para tal, a terceirização pode ser uma ótima maneira de você se virar e de liberar tempo e espaço. No entanto, em nosso trabalho terapêutico, Anita e eu percebemos que havia algo de errado.

A questão é que, mesmo com Anita tendo encontrado a solução "perfeita" de organização e produtividade para as necessidades de sua família, ela não se sentia completa, e achava que estava *gerenciando* as crianças em vez de passar tempo com elas. Os serviços de entrega de marmitas e as técnicas para poupar tempo não faziam mal: o problema era que Anita parecia incapaz de desligar o cérebro e vivia pensando no que poderia estar fazendo melhor. Quando havia itens na sua lista que ela não conseguia riscar, sentia-se desconfortável e ansiosa. E, mesmo quando conseguia cumprir todas as tarefas, ficava se perguntando se tinha maximizado todos os aspectos possíveis de sua vida — para seus filhos e companheiro e em sua carreira. Ela estava mesmo sendo a "melhor" versão de si mesma? Nós duas percebemos que, aqui, "melhor" era sinônimo de mais eficiente, produtiva e controlada — e não de satisfação ou realização.

Esse tipo de foco na eficiência e na produtividade é uma armadilha que faz as mulheres parecerem hamsters correndo em rodinhas, principalmente mulheres que operam sob o peso das centenas de tarefas semanais exigidas para administrar um lar. Não é verdade que, se tivermos um aparelho para melhorar o sono da criança ou se desvendarmos o segredo da organização, nossa casa e nossa vida serão transformadas. Esse tipo de otimização do falso autocuidado é sedutor porque sussurra para nós: *Eis a solução mágica*. A promessa é de que um dia atingiremos o auge da produtividade e da eficiência, de modo que enfim pareça que nossa vida está sob controle. O problema é que nunca chegamos lá, porque ninguém nos ensinou o passo crítico de identificar nossos princípios.

Vem-me à mente a ex-CEO do Yahoo, Marissa Mayer, que disse ser possível trabalhar 130 horas semanais se a pessoa fosse eficiente "ao dormir, tomar banho e no número de vezes que usa o banheiro". Esse é o éthos do vale do Silício, o tipo de cultura "faça acontecer" apoiada por Sheryl Sandberg, que diz: "Continue fazendo mais, mais e mais, e uma hora você vai chegar *lá*". Deixando de lado o fato de que muitas mulheres não têm o privilégio de poder "fazer acontecer", o problema é que, quando as mulheres compram o pacote do falso autocuidado, em geral não têm muita noção do que é esse "lá". Quando alguém usa a eficiência como um mecanismo de enfrentamento para lidar com o caos da vida moderna, fica bem fácil esquecer o verdadeiro objetivo da eficiência: liberar tempo e espaço para si mesma. *Fazer mais nem sempre significa se sentir melhor.*

Aqui, pode ajudar compreender um pouco mais sobre o cérebro e o processamento de emoções. As áreas do cérebro que você usa quando está cumprindo uma lista de pendências ficam localizadas no córtex pré-frontal, que quer dar sentido ao mundo, através da ordem e do controle. No entanto, é nas partes mais primitivas do cérebro, incluindo o sistema límbico, que experimentamos conexão, empatia e outras emoções importantes. Quando trabalho com mulheres esgotadas, elas raramente se identificam como esgotadas. Em vez disso, dizem: "Preciso de mais horas no dia" ou "Quando conseguir terminar o trabalho para esse cliente importante, vou ter mais tempo e tudo vai ficar bem". Essa é a resposta do córtex pré-frontal, que quer continuar realizando coisas. As partes do cérebro ligadas aos sentimentos, e que gritam de exaustão, são silenciadas. Em vez de experimentar uma variedade saudável de emoções, mulheres que se concentram demais na produtividade se alternam entre o receio e o alívio.

Admito que eu mesma tenho dificuldade com isso. Quando estou olhando para uma lista quilométrica de coisas por fazer, é como se estivesse participando de uma corrida e mantivesse o foco no troféu. Enquanto escrevo este livro, por exemplo, meu companheiro Justin e eu estamos passando por um tratamento de fertilização in vitro para ter um filho. É um processo emocionalmente exaustivo, que consome bastante tempo. Houve momentos em que me agarrei ao cronograma de escrita que havia estabelecido, querendo desesperadamente concluir capítulos e me ater aos planos, apesar de saber que precisava descansar. Eu percebi que ficava mais confortável com a produtividade porque ela me dava uma sensação ilusória de controle. Permitir certo distanciamento da minha lista de pendências era arriscado: significava que eu sentia, que reconhecia que meu corpo e minha mente precisavam de descanso e que confiava ser capaz de recarregar a bateria e voltar à programação em seguida.

Como você deve imaginar, essa inabilidade ou indisposição de acessar partes do cérebro relacionadas a sentimentos e sensações é um problema. Pesquisas sugerem que o bem-estar na verdade está ligado a essas partes do cérebro, em particular à sensação de conhecer a si mesmo e ser visto. Em um estudo de 2015 com mais de 2 mil mães, Lucia Ciciolla, psicóloga da Universidade Estadual de Oklahoma, descobriu que o bem-estar das mães está relacionado a quatro pontos: sentirem-se incondicionalmente amadas, serem reconfortadas quando angustiadas, terem relacionamentos autênticos e estarem satisfeitas com suas amizades.[3] Além disso, uma meta-análise de 2020 com mais de 30 mil participantes descobriu que autenticidade, ou o grau em que a pessoa se sente fiel a si mesma, é associado com um maior bem-estar.[4] Se você não consegue acessar seus sentimentos porque está presa na rodinha de hamster da otimização do falso autocuidado, vai ser bem difícil se sentir amada, reconfortada ou fiel a si mesma.

O outro problema é que, se você for como minha paciente Anita, otimização muitas vezes só vai levar a mais otimização, enquanto você continua a se alinhar com seu cérebro pré-frontal. Em nosso trabalho terapêutico, Anita descobriu que o tempo que poupava com sistemas de gerenciamento de tempo não era usado para uma conexão autêntica consigo mesma ou com os outros. Em vez disso, era gasto exaurindo seu córtex pré-frontal. O que Anita realmente precisava — e o que muitas mulheres precisam — era se reconectar com seu verdadeiro eu. Ela havia caído na armadilha de acreditar que poderia ser outra coisa, ou outra pessoa — alguém mais produtivo, alguém melhor. Mas e se a realização pessoal de verdade — e o autocuidado de verdade — fosse uma questão de dar espaço para ser mais *ela mesma*?

O FALSO AUTOCUIDADO PODE ESTAR SENDO USADO COMO OTIMIZAÇÃO, SE VOCÊ SE IDENTIFICA COM ESTAS AFIRMAÇÕES

- Estou sempre procurando a próxima estratégia ou solução para poupar tempo.
- Sempre me digo que vou relaxar depois que tiver cuidado de tudo.
- Costumo relacionar meu valor à minha produtividade.
- Tenho dificuldade de gastar energia ou tempo comigo mesma quando vejo bagunça à minha frente.
- Resolver problemas faz com que eu me sinta melhor comigo mesma.

Nos três exemplos deste capítulo, minhas pacientes estavam procurando por algo — uma sensação de alívio, de sucesso ou de controle —, e o falso autocuidado, paradoxalmente, acabava por distanciá-las de sua meta, em vez de aproximá-las. A culpa não era delas. Minhas pacientes recorrem (como eu) a esses mecanismos de enfrentamento porque é isso que vendem a elas, e no curto prazo — preciso ser justa — todos esses métodos cumprem um propósito. No entanto, a questão é que o alívio é sempre temporário e externo, nunca duradouro e interno.

Se o falso autocuidado não é uma solução sustentável, por que continuamos a buscá-lo? Para começar, em uma sociedade capitalista, a produtividade é exaltada a todo custo, e o falso autocuidado, com seu foco no indivíduo, perpetua isso. Em vez de nos permitir sermos seres humanos, somos fazedores humanos — o eu é quantificado e medido, apenas uma soma de tarefas e realizações. Além disso, o gênero desempenha um papel também. A realidade é que o falso autocuidado nos dá cobertura o bastante apenas para nos manter operando nos sistemas sociais e culturais em que a maior parte de nós cresceu — sistemas nos quais as mulheres cuidam das outras pessoas e dos sentimentos das outras pessoas, nos quais são condicionadas a priorizar o bem-estar dos outros em detrimento do seu. Isso perpetua a narrativa tóxica que condena como egoísmo a escolha feita em nome do próprio bem-estar. O falso autocuidado como solução para as aflições das mulheres é uma forma de exonerar o sistema de culpa. *Não são as mulheres que não estão fazendo o bastante: é o sistema que falha conosco.* Vamos ver isso mais de perto no próximo capítulo.

3. É um jogo de cartas marcadas
O problema não é você

> *Outros países têm redes de segurança social.*
> *Os Estados Unidos têm as mulheres.*
>
> Jessica Calarco

Minha paciente Mikaleh, de 41 anos, tem quatro irmãos. Como filha mais velha e única menina, desde nova fazia as tarefas da casa e ajudava a criar os irmãos. Mikaleh de início me procurou para tratar sua ansiedade, contra a qual vinha lutando fazia anos, embora nunca tivesse buscado ajuda profissional. Meu diagnóstico foi Transtorno Obsessivo--Compulsivo (TOC), e prescrevi medicação, em conjunto com psicoterapia, para melhorar sua condição. Ao longo de nosso trabalho inicial, Mikaleh passou a compreender como era importante para seu bem-estar (e o bem-estar de suas duas filhas adolescentes) que ela mantivesse o TOC sob controle. E, por algum tempo, Mikaleh se saiu bem.

As coisas começaram a sair dos trilhos quando a mãe dela morreu, inesperadamente. Mikaleh ficou devastada, mas não viveu o luto. Entrou com força total no modo cuidadora. Seu pai, que vivia de renda, não tinha como continuar morando na mesma casa, e pretendia se mudar para o apartamento da filha. Devido aos problemas de saúde e a situação financeira do pai, Mikaleh precisaria arcar com as despesas médicas dele — que seriam dispendiosas e exigiram que ela usasse suas economias. Para compensar, Mikaleh desistiu do curso de arte comunitária que estava planejando fazer aquele semestre. De qualquer maneira, ela não teria tempo para as aulas, porque seu pai era muito dependente. Ao longo de mais de quarenta anos de casamento, a mãe de Mikaleh fora a principal cuidadora dele — responsável por três refeições ao dia, por lavar e dobrar a roupa e tudo o mais. Mikaleh ocupou esse papel imediatamente, apesar de trabalhar em período integral como gerente de uma organização sem fins lucrativos e cuidar de suas duas filhas, cuja guarda dividia com o ex-marido.

Os cuidados do pai foram assumidos sem muita hesitação, ainda que ela ficasse constantemente irritada e ressentida por nenhum dos seus quatro irmãos adultos (os quais moravam por perto) se oferecerem para ajudar. Esgotada e desanimada quanto à próxima fase de sua vida — na qual seria a única cuidadora do pai —, Mikaleh mergulhava no desespero.

Sua situação me era bastante familiar. Quando a pandemia de covid-19 já completava um ano, escrevi um artigo para a série "The Primal Scream", do *The New York Times*, que reunia reportagens longas sobre como as mulheres, em particular mães que trabalhavam fora, estavam se virando. No artigo, eu sugeria que aquilo que estávamos chamando de esgotamento na verdade era algo diferente — uma traição da sociedade em seu nível mais perturbador. Ao longo da pandemia, quanto mais eu ouvia minhas pacientes falarem em esgotamento, mais sentia que não capturava a profundidade da crise que elas descreviam. Aquelas mulheres se viram diante de escolhas impossíveis, como mandar os filhos para a escola e submetê-los à exposição ao vírus ou simplesmente não aparecer no trabalho.

A distinção entre esgotamento e traição é vital: enquanto o esgotamento põe a culpa (e, assim, a responsabilidade) no indivíduo e sugere que as mulheres não são resilientes o bastante, a traição aponta diretamente para as estruturas inadequadas que as cercam. "Essa pandemia está nos ensinando a nos adaptar às adversidades", alguém escreveu nas redes sociais, "porque elas são variadas e frequentes, e se não nos adaptarmos simplesmente passarão por cima de nós." Quando vivemos em estruturas sociais que tornam nossa vida mais difícil e que nos forçam a tomar decisões moralmente impossíveis, não é por falta de esforço que nos desesperamos — é porque os sistemas nos traíram, a você e a mim. Em outras palavras, a culpa não é sua.

A realidade é que as adversidades estavam lá antes mesmo que uma pandemia atingisse o mundo. Vi isso em Mikaleh e em muitas outras, pois se trata de um jogo de cartas marcadas: a sociedade patriarcal deixa toda a carga mental nas mulheres — o fardo cognitivo e emocional do gerenciamento de um lar — e ainda tem uma série de expectativas paradoxais em relação a elas, expectativas que, em nossa busca desesperada por uma solução, nos levam a abraçar o falso autocuidado. O que é totalmente compreensível.

Mas não somos nós que precisamos mudar, é a cultura. Este capítulo mostra a você como os sistemas estão corrompidos das formas mais cruéis e profundas, através da história de Mikaleh, além de apresentar um panorama de como uma prática do autocuidado de verdade tem o potencial de promover uma mudança sistêmica mais ampla. A menos que a vasta maioria das mulheres comece a praticar o autocuidado de verdade, não acredito ser possível uma mudança sistêmica real.

Enquanto a Parte II deste livro entra nos detalhes de como adotar o autocuidado de verdade na sua vida, através de ferramentas práticas e exercícios, aqui quero que você compreenda o que se torna possível com o autocuidado de verdade. Se você se sente esgotada, sem esperanças e furiosa, não é culpa sua. E, através da história de Mikaleh, você vai compreender que, embora não seja você o problema, você pode ser parte da solução.

O PONTO CRÍTICO

Traição cultural e social não é algo fácil de abordar em um único capítulo, ou em um único livro. Há cursos inteiros de pós-graduação que se dedicam a estruturas como racismo, capitalismo e colonialismo, e não faço jus a eles. Por sorte, não é preciso um doutorado para compreender que as estruturas à nossa volta não estão funcionando. A maioria de nós consegue ver que os sistemas não foram feitos para as pessoas, e sim para maximizar os objetivos dos próprios sistemas. O objetivo do capitalismo, por exemplo, é obter lucro dentro do sistema. Já o objetivo da supremacia branca é manter os brancos em posições de poder. O propósito do patriarcado é manter os homens no controle. Estudiosas e pensadoras vêm debatendo qual sistema cria maior trauma entre as mulheres, mas o propósito deste livro não é apresentar uma resposta definitiva sobre o pior sistema de todos. Estou aqui para mostrar como nossas mudanças internas, através do autocuidado de verdade, têm o poder de afetar esses sistemas e dar início a um efeito cascata que beneficiará outras mulheres.

Mikaleh enfrentou um obstáculo sistêmico após o outro. Como uma mulher negra nos Estados Unidos, ela aprendeu muito nova que precisaria trabalhar três vezes mais para conquistar o mesmo respeito e sucesso de seus colegas que não eram negros. Isso se provou verdade. Mikaleh estudou em uma universidade predominantemente branca e com frequência enfrentou preconceito e racismo. Em seu ambiente de trabalho atual, Mikaleh se preocupava com o fato de como seria vista caso se apresentasse ou revelasse um ponto de vista diferente, como uma das duas únicas mulheres negras no escritório. Em meio a uma sociedade capitalista, que valoriza o ganho econômico acima de tudo, após o divórcio Mikaleh teve dificuldade em pagar pelos cuidados das filhas. A falta de equidade de gênero e o patriarcado desempenharam um papel em sua vida desde as mais tenras lembranças, começando com o pesado fardo dos cuidados que recaía sobre seus ombros, por ser a única filha mulher da família. Agora, havia a expectativa tácita de que ela assumisse a responsabilidade pelo pai.

Mikaleh está longe de ser a única das minhas pacientes a enfrentar obstáculos sistêmicos. Toda semana, na minha prática clínica, vejo pacientes às voltas com um sistema social cruel ou uma interseção de vários sistemas cruéis. Por exemplo:

> Dana, uma médica latina que descobriu que um residente recebia um salário maior que o dela, apesar de ambos terem as mesmas qualificações e a mesma experiência.

> Julia, uma mulher negra que tentava ser sócia do escritório de advocacia onde trabalhava e ouviu em sua avaliação de desempenho, feita exclusivamente por pessoas brancas, que os outros a achavam "assustadora".

Candace, que optou por ter o primeiro filho aos 39 anos sozinha, se perguntava como lidaria com as perguntas quando fosse se informar sobre a política de licença--maternidade da empresa.

Patricia, uma mulher racializada, que travava uma batalha com o distrito escolar em busca de apoio individual para sua filha com deficiência.

Smita, que sofria de uma doença autoimune e depressão, e não tinha outra maneira de pagar o tratamento médico a não ser ficando em um ambiente de trabalho abusivo, que a esgotava.

Amber, uma mulher queer que, apesar do histórico de câncer de sua família, durante anos evitara ir à ginecologista porque tinha trauma do sistema médico.

E a lista poderia continuar.

Como psiquiatra, reconheço que, embora minha passagem pela escola de medicina e pela residência tenha me fornecido habilidades para ajudar meus pacientes a lidar com a raiva, o sofrimento e o puro desespero que vem do enfrentamento de barreiras estruturais, não me ensinou nada sobre as restrições sistêmicas de nossa sociedade, de modo que precisei fazer minha própria pesquisa. Tomemos como exemplo uma estatística dramática que exemplifica muito do que há de errado com nossos sistemas sociais: um estudo com pais recentes na Suécia descobriu que, quando os pais recebem trinta dias de licença-paternidade remunerada, havia uma redução de 26% no número de prescrições de ansiolíticos para as mães.[1] Em contraste, nos Estados Unidos, menos de 5% dos novos pais tiram mais de duas semanas de licença.[2] Apesar dessas diferenças na assistência social, barreiras estruturais como as que descrevi raramente são consideradas quando profissionais de saúde mental atendem pacientes.

Acredito que como sociedade estamos em um ponto crítico — agravado, sem dúvida, pela pandemia. "Não podemos esperar que a ajuda venha e apague o fogo, e depois passe dez anos discutindo até chegar a um consenso sobre a reconstrução. Passamos desse ponto", escreveu a jornalista e autora Anne Helen Petersen. "A questão é: continuamos a sustentar o sistema atual, publicando os mesmos artigos sobre nossa própria desintegração? Nossos corpos entram em colapso e nossas mãos continuam publicando a porcaria desses artigos?"[3] Nos últimos anos, notei uma mudança nas minhas pacientes, e nas minhas amigas e colegas — eu mesma senti também essa mudança. Pacientes que antes não falavam sobre questões como racismo ou desigualdade de renda começaram a trazer problemas sociais para a terapia. Mulheres em situações vulneráveis começaram a fazer perguntas sobre os poderes constituídos. Parece que no mundo todo as mulheres vêm despertando para o fato de que a farsa acabou.

Tem sido assim há muitos anos entre mulheres racializadas, a comunidade LGBTQIA+, imigrantes e pessoas vivendo na pobreza, e mais recentemente uma fatia mais ampla e mais rica da população chegou a esse ponto crítico também. A crise traz a oportunidade de fazer algo diferente — como acontece quando atingimos pontos críticos. Então vamos fazer isso juntas.

MAS O QUE EU QUERO?
OS SISTEMAS QUE SILENCIAM AS MULHERES

Em meio a todas aquelas decisões que pareciam estar sendo feitas por Mikaleh — o pai ir morar com ela, suas economias serem usadas para pagar as despesas médicas dele, passar o tempo todo cozinhando, limpando e cuidando das necessidades de saúde dele —, com tudo ruindo, eu perguntei o que *ela* queria. Mikaleh não tinha ideia; e ainda tive a impressão de que sua vontade era me dar um soco (momento revelação: esse não é um sentimento incomum entre minhas pacientes).

Desde cedo, tinham ensinado a Mikaleh que seu valor estava na disposição em ajudar os outros e que sua prioridade deveria ser as necessidades alheias, e não as suas próprias. Ao longo dos vinte e trinta anos, isso significara emprestar dinheiro aos irmãos quando eles pediam, mas agora significava assumir em silêncio o fardo de ser a única cuidadora do pai. O condicionamento de Mikaleh a levava a sentir culpa sempre que ela expressava sua preferência. Ela se sentia egoísta por querer ser feliz ou se sentir realizada.

Isso não é algo particular de Mikaleh. A pesquisa Bright Horizons 2017 Modern Family Index descobriu que, em casais heterossexuais, mulheres que trabalham fora têm duas vezes mais chances de cuidar da casa e três vezes mais chance de cuidar do dia a dia dos filhos e do companheiro. Em casais do mesmo sexo, estudos demonstram que, quando há filhos, também há uma divisão desigual do trabalho do lar: a pessoa com maior renda assume um fardo maior. Pesquisadores descobriram que, com a pandemia de covid-19, a diferença de horas de trabalho entre mulheres e homens aumentou entre 20% e 50%,[4] com as mulheres assumindo de maneira esmagadora o cuidado dos filhos em tempo integral enquanto tentavam continuar trabalhando de casa. Entre 41 nações de renda elevada, os Estados Unidos são o único que não garante licença remunerada para os pais.[5] O relato de mães que foram preteridas em promoções predomina sobre o relato dos pais, e para a maioria dos pais e das mães que trabalham fora a terceirização do cuidado das crianças é financeiramente inacessível.[6] Com tamanha falta de apoio, não é surpresa que nos sintamos no limite.

A falta de infraestrutura para os cuidados afeta todas as mulheres, como fica claro nos exemplos deste livro. Mas notei que a situação fica pior para aquelas que são mães, particularmente em casais cisgêneros e héteros. No sistema familiar, isso acontece por duas razões. Em primeiro lugar, desde o primeiro dia, a configuração física e social da gravidez, do parto e dos cuidados iniciais é construída em torno de uma narrativa de sacrifício pessoal. (Quanta dor você está disposta a suportar para ter um "parto natural"? Quanto você está se esforçando para amamentar? Você vai submeter a criança aos horrores do treinamento de sono?) Em segundo lugar, mesmo quando as duas pessoas do casal têm discussões profundas sobre uma divisão equilibrada do trabalho, as expectativas mais bem-intencionadas caem por terra assim que a criança chega.

A jornalista e escritora Meg Conley usa o termo "esquema de marketing multinível" para descrever a maternidade nos Estados Unidos. "A maternidade nos Estados Unidos é um golpe", ela escreveu. "Dizem-nos que se trabalharmos duro o bastante, se apoiarmos fielmente o sonho americano, vamos acabar no topo. Ninguém menciona que a hierarquia do sucesso é um esquema de pirâmide."[7] Conley afirma que, embora a maternidade nos Estados Unidos não venha com um kit de suplementos para venda nem com produtos para a pele a serem oferecidos aos amigos do Facebook, ela vem com uma falsa esperança perigosamente sedutora. Uma esperança que a autora associa a organizações de marketing multinível (as quais, para quem não está familiarizado com o tema, são muito similares aos esquemas de pirâmide: apenas os executivos do topo obtêm os lucros e a grande maioria, na base da pirâmide, pode inclusive acabar endividada). As pessoas no reduzidíssimo topo da pirâmide são em geral brancas e privilegiadas, enquanto as pessoas na base, que compõem a maioria, são racializadas, da classe trabalhadora ou média, e têm dificuldade de pagar pelo cuidado dos filhos, de mandá-los para a faculdade ou de ter casa própria. O engodo nesse sistema é a noção de que, se você for uma "boa mãe", se cuidar de todo mundo, um dia alguém vai cuidar de você. É um sistema que não foi feito para as mães (ou para pessoas racializadas e minorias) e constitui parte de um sistema mais amplo que sustenta o status quo. As pessoas que se beneficiam do trabalho e do sacrifício das mulheres não costumam ser as próprias mulheres.

Mikaleh não tinha parado para pensar quem se beneficiava por ela ter cozinhado para a família e recebido os familiares todo fim de semana nos últimos dez anos, ou por ter planejado e realizado todos os aniversários e todas as viagens de férias (para alegria de sua família, mas chegando ao ponto de ela mesma detestar as festas de fim de ano). Na verdade, durante seu divórcio, apesar de estar em uma situação financeira complicada, Mikaleh emprestara dinheiro a um irmão, só para depois descobrir que ele o usara para levar os filhos para a Disney. Mikaleh era o burro de carga da família, ficava em silêncio e não colhia os benefícios de seu trabalho — quem se beneficiava eram seus irmãos e o restante de sua família.

Silvia Federici, estudiosa e teórica do trabalho doméstico, relaciona a situação das mulheres — e não apenas das mães — diretamente ao trabalho doméstico não remunerado, que ela chama de "trabalho reprodutivo". O termo se refere ao trabalho que deve ser feito repetidamente e sem fim, e que é essencial à vida: manter a despensa estocada, colocar gasolina no carro, atender às necessidades dos mais velhos e das crianças. A pandemia de covid-19 jogou luz sobre a importância do trabalho que é remunerado e do trabalho que não é remunerado, e sobre quem está fazendo o último. Federici escreve: "Não podemos mudar nossa vida cotidiana sem alterar as instituições diretas e o sistema político e econômico no qual elas estão estruturadas".[8] Em outras palavras, o pessoal é político. Os sistemas capitalistas são construídos sobre o modelo do trabalho reprodutivo não remunerado — mas é o trabalho remunerado fora de casa que é exaltado. As trabalhadoras domésticas muitas vezes não são pagas, ou então são mal pagas, e costumam ser imigrantes ou mulheres racializadas.

A divisão desigual do trabalho reprodutivo se estende à chamada carga mental — lembrar o que já foi feito, o que precisa ser feito e o que precisará ser feito. Toda a energia emocional e cognitiva é dedicada a gerenciar, planejar, coordenar e antecipar as centenas de tarefas que devem ser realizadas para que uma casa funcione. Costumo dizer às minhas pacientes que é como se elas fossem a CEO do lar, além de departamento de marketing, RH e assistente administrativa.

A socióloga e pesquisadora Allison Daminger define carga cognitiva (o termo técnico para a carga mental) como "antecipar necessidades, identificar opções para atendê-las, tomar decisões e monitorar o progresso".[9] A pesquisa de Daminger descobriu que as mulheres são as grandes responsáveis por antecipação e monitoramento. Isso está alinhado com o que vejo na minha prática clínica, com as pacientes se queixando de que, embora consigam delegar a tarefa de tirar o lixo toda semana, não são capazes de fazer com que o parceiro pense na fantasia que as crianças vão usar no Halloween ou em quando deve haver uma grande arrumação na casa.

Suportar a carga mental tem consequências emocionais e psicológicas muito reais nas mulheres. Um estudo de 2019 publicado no jornal *Sex Roles* descobriu que ser responsável por uma parte desproporcional da carga mental está associado a uma queda no bem-estar e em menor satisfação no relacionamento.[10] Também se constatou que mulheres com níveis mais altos de carga mental expressam níveis mais altos de vazio emocional; elas ficam mais propensas a olhar em volta e pensar: *Não há nada além disso?* Noto isso nas minhas pacientes, muitas das quais se desdobram para subir na carreira e atender às demandas incessantes da maternidade só para sentir que não estão fazendo nada direito e se ressentirem do fardo que carregam.

Mikaleh era a garota-propaganda da carga mental gigantesca: procurava atender às necessidades médicas do pai, garantir que as duas filhas adolescentes se saíssem bem na escola e lidar com as responsabilidades no trabalho. Sua mente vivia cheia de perguntas: "Será que meu pai já tem as receitas para o próximo pedido de medicação ou precisamos falar com os médicos?", "Para quando a professora de matemática precisa da papelada para começar as aulas particulares?", "Será que o aquecedor quebrou de novo?". Também era Mikaleh quem levava a culpa pelos contratempos domésticos, e não o pai das meninas, portanto não era de admirar que também fosse ela quem se preocupasse com tudo.

Gloria Steinem escreveu: "O poder pode ser tomado, mas não cedido. O processo de tomada é o empoderamento em si".[11] A dura verdade é que, para dar um jeito em qualquer parte disso — o esquema de marketing, a divisão desigual do trabalho reprodutivo, a carga mental gigantesca —, as mulheres é que vão ter que dar conta. Você deve estar pensando: *Isso não é justo, já temos muito com o que lidar!* E está certa, não é justo. Mas a realidade é que as pessoas que detêm o poder raramente o entregam. O tipo de pessoa que se beneficia dos sistemas atuais não vai acordar uma manhã e decidir que deseja um sistema mais igualitário. As pessoas no topo respondem à pressão da base, porém as pessoas na base não têm tempo nem energia mental para lutar, mudar a maneira como interagem ou questionar por que as coisas são dessa forma. É assim que sistemas opressivos funcionam, e é por isso que eles continuam em funcionamento. Precisamos que as pessoas na base (mulheres, pessoas racializadas, pessoas queer e minorias) subam e façam mudanças quando chegarem ao poder. O autocuidado tem a ver exatamente com isso.

O PARADOXO DA ESCOLHA

Algumas pessoas podem estar se sentindo tentadas a dizer que, se as mulheres passassem menos tempo preocupadas em vestir as crianças com roupa combinando e em garantir que a decoração da casa seja como as do Pinterest, teriam mais tempo para o autocuidado de verdade. Em outras palavras, por que as mulheres escolhem essa realidade? Como sempre, é uma questão mais complexa do que pode parecer.

Martha Beck é uma socióloga, coach de vida e autora que passou os últimos trinta anos estudando como a cultura afeta as mulheres.[12] Em seu livro *Por inteiro: O caminho para o seu verdadeiro eu*, ela argumenta que o que define uma cultura é um conjunto de valores compartilhado — por exemplo, na nossa cultura valorizamos quando as pessoas aguardam sua vez na fila, ou quando comem macarrão usando talheres. É claro que há valores mais amplos — trabalhar duro, vencer por méritos próprios, e também saber trabalhar em equipe e ainda ser a única responsável pelo próprio destino. Está notando as contradições? Como vemos repetidas vezes, as mulheres são puxadas em direções opostas — espera-se que sejam altruístas e atendam às necessidades dos outros, mas também que se destaquem no âmbito profissional e pessoal.

Também é importante considerar que não se trata de algo tão simples quanto fazer as escolhas "certas"; devemos refletir criticamente sobre as escolhas que estão *disponíveis* para nós. Mikaleh, por exemplo, precisava escolher entre voltar a estudar e pagar as contas do tratamento do pai. Ela se via forçada a escolher entre valores que concorriam entre si. Por um lado, queria ser uma filha abnegada que ajudava o pai; por outro lado, valorizava o estudo ao longo da vida. No fundo, Mikaleh sabia que uma válvula de escape criativa seria importante para seu bem-estar e sua saúde mental. Ao se inscrever no curso de arte, ficara empolgada como não se sentia havia anos. Bom, na teoria ela tinha uma escolha. Mas uma escolha entre o dever e seu bem-estar.

Uma amiga compartilhou recentemente uma história parecida, com a qual é provável que você se identifique — embora não houvesse tanto em jogo quanto no caso de Mikaleh. A família dela fora convidada para uma festa em que cada um levaria um prato. Minha amiga ficou de levar sobremesa, e para isso teria que parar de trabalhar mais cedo no dia da festa para assar um bolo. Isso significava que o marido dela precisaria buscar as crianças. Na manhã daquele dia, ele comentou com minha amiga: "Você está dificultando as coisas. Poderíamos simplesmente comprar um bolo". Naquele momento, ela sentiu que não tinha como vencer. Sabia que a anfitriã estava tendo muito trabalho com a festa e que um bolo comprado destoaria do restante dos pratos. Ninguém culparia o marido se levassem bolo comprado em vez de feito em casa — todos considerariam um fracasso da mulher. E era verdade que aquilo deixava a tarde de sexta muito mais complicada. De qualquer maneira, a culpa seria dela.

"O dilema da mulher moderna é um koan", Beck me disse, invocando o conceito budista do enigma que desafia a lógica. "É um problema insolúvel."[13] Ela acredita que as mulheres participam de um jogo que não têm como vencer. Somos os bodes expiatórios da sociedade, sobre quem recai a tarefa impossível de conciliar as contradições de toda a nossa cultura.

Quanto mais você se entrega ao trabalho, mais culpada se sente em casa. Quanto mais se entrega à casa, mais se sente para trás no trabalho. As mulheres são encurraladas em cantos cada vez mais apertados, até que não haja mais espaço para sentirem nada além de raiva e impotência. O falso autocuidado é uma ilusão que lhes é vendida para "reconciliar o irreconciliável", como Beck diz. Como mulheres, quando vivemos esse conflito, nosso instinto é nos culparmos e assumir que deveríamos ter a resposta "certa". Porém isso não funciona, porque as regras são contraditórias — não existe resposta *certa*! Internalizamos esse paradoxo como culpa, questionamento de nós mesmas ou até desespero.

Pesquisas apoiam o que estamos expondo. Um estudo da Universidade Mercer com 31 mães explorou as práticas de autocuidado no pós-parto.[14] Descobriu-se que as mulheres expressavam dois temas contraditórios que as puxavam em direções opostas: o autocuidado é primordial E maternidade é sinônimo de abnegação. Por um lado, o autocuidado é visto como responsabilidade da mulher e como algo necessário para cumprir as expectativas da sociedade de atender a nossas necessidades individuais. Por outro lado, a abnegação, especialmente a serviço de filhos ou companheiro, é vista como o ideal feminino. São esses valores culturais contraditórios, que esperam que as mulheres ao mesmo tempo se sacrifiquem e sejam profissionalmente ambiciosas, que o falso autocuidado ignora por completo. Você não tem como cuidar de si mesma se trabalha quarenta horas por semana e não tem quem fique com seus filhos. Comprar um planner diário e fazer ioga não vão mudar o fato de que fica com uma parte desproporcional da carga mental.

Parece um impasse, não é? Quando ficamos presas à sensação de impotência diante de um sistema que está contra nós, não ocorre nenhuma mudança. Quando mergulhamos no falso autocuidado e nos alinhamos às estruturas capitalistas e patriarcais predominantes, internalizamos a doença e exoneramos o sistema.

Não podemos fazer nada disso.

Para que ocorra uma mudança de verdade — para que o autocuidado conduza todos nós a uma sociedade e a uma estrutura social mais igualitárias —, nós, mulheres, temos duas coisas a fazer:

- Abraçar a mudança interna.

- Cultivar o chamado pensamento dialético.

Einstein disse: "Um novo tipo de pensamento é essencial se a humanidade quiser sobreviver e atingir níveis mais elevados". Os valores confusos, as contradições e as expectativas impossíveis que são impostos às mulheres simplesmente não fazem sentido. Não podemos esperar que estruturas e regras externas nos salvem, porque a lógica[15] externa tem falhas profundas. Assim, é preciso visar a algo completamente diferente — uma solução que desafia tudo o que conhecemos. *O autocuidado de verdade é uma solução interna; envolve mudar sua realidade interna, ou sua consciência.*

Antes de poder agir, Mikaleh precisava se dar permissão para fazer uma mudança interna. Com nosso trabalho terapêutico, Mikaleh chegou à conclusão de que sua saúde mental devia ser uma de suas prioridades. Ela era uma mãe melhor quando cuidava de sua saúde mental. Tinha um desempenho melhor no trabalho quando tratava seu TOC. Mikaleh não queria deixar que a ansiedade dominasse sua vida. Pela primeira vez, ela compreendeu que ninguém mais lhe daria permissão para cuidar de si mesma; precisava tomar aquela decisão por si mesma, ainda que significasse decepcionar os outros. Não era uma questão de conseguir fazer ioga; Mikaleh mudou seu modo de ver sua saúde e o espaço que ela própria ocupava em sua vida.

Mikaleh começou a praticar o pensamento dialético, o que implica reconhecer que dois contrários podem ser verdadeiros, ao mesmo tempo. Existe até uma linha de terapia que ensina isso, chamada terapia comportamental dialética.[16] Sua fundadora, Marsha Linehan, se refere a essa terapia como a integração de opostos. Mikaleh encarava uma dialética: amava muito seu pai *e* sabia que não podia cuidar dele sozinha. Para ela, reconciliar essa dialética implicava que ambas as coisas eram verdade. Mikaleh não precisava escolher — podia conviver com as duas verdades, ambas tendo o mesmo peso em sua vida. Foi difícil para ela, que havia sido ensinada na infância que amor equivalia a sacrifício pessoal. Quando Mikaleh compreendeu que poderia tocar a vida com ambas as verdades ocupando espaço em sua mente, sentiu-se mais leve. Sentiu-se empoderada a ponto de se relacionar consigo mesma e com a família com menos medo. E começou a permitir que suas próprias necessidades e preferências desempenhassem um papel importante em suas decisões.

A POSSIBILIDADE REVOLUCIONÁRIA DO AUTOCUIDADO DE VERDADE

Mikaleh compreendeu que havia chegado a um ponto crítico. Gerenciar as consultas médicas do pai e o regime complicado de medicações, e economizar para pagar suas contas (além de todas as suas outras responsabilidades) tinham feito seu TOC voltar com força total. Ela procurou tratá-lo sem tirar uma licença, mas acabava chegando atrasada no trabalho, faltando por causa da doença e entregando relatórios com atraso. Não tinha como dar certo. Se não fizesse nada, acabaria sendo demitida. Se assumisse o risco e tirasse uma licença, perderia a chance de ser promovida no ano seguinte ou pior: acabaria sendo jogada para escanteio.

Por fim, Mikaleh conseguiu ver que o ponto crítico era uma oportunidade de tomar uma decisão diferente para si mesma. Assumiu o risco e pediu uma licença de um mês no trabalho para cuidar da saúde mental. Foi exaustivo enfrentar a burocracia para entrar com um pedido de afastamento por incapacidade temporária. Por sorte, o departamento de RH foi bastante prestativo.

Muitas coisas curiosas aconteceram depois que Mikaleh ficou em licença. Primeiro, ter um mês inteiro de consultas regulares comigo ajudou a controlar o TOC. Também lhe deu espaço para refletir sobre a relação com os irmãos e criar força para pedir que eles contribuíssem financeiramente com os cuidados do pai. Ela ainda teve tempo de adentrar o labirinto dos benefícios do plano de saúde do pai e descobrir que oferecia cobertura de cinco horas por semana de *home care* — o que, embora não fosse muita coisa, já ajudava.

Mikaleh escolheu contar a alguns colegas de trabalho mais próximos que havia tirado uma licença porque estava lidando com questões de saúde mental. Ela e uma funcionária cujo filho ficara muito tempo sem ter seu TOC diagnosticado montaram juntas uma apresentação dos sintomas do transtorno. Depois, abordaram a chefia para ver se era possível agilizar o processo de pedido de licença. Seis meses depois, elas começaram dentro da empresa um grupo para pessoas com transtornos de saúde mental e de apoio a familiares com transtornos de saúde mental. Logo, funcionários mais novos começaram a procurar a ajuda de Mikaleh quando passavam por dificuldades. Ela defendeu que o novo papel que ocupava na empresa fosse remunerado. No ano seguinte, quando Mikaleh estava concorrendo a uma promoção, a chefia considerou que sua licença não indicava fracasso; na verdade, contara como um de seus pontos fortes, porque ajudara a mudar a cultura da empresa.

Talvez você pense: *Bom, a empresa em que trabalho não é nem de perto tão compreensiva quanto a de Mikaleh.* Ou: *Minha família nunca contribuiria financeiramente em uma crise.* Em outras palavras: *Esse sistema é uma droga. Por que não TACAMOS FOGO EM TUDO?* Acredite em mim: eu compreendo. Por bem ou por mal, já estive em seu lugar, mas agora estou aqui para lembrar: tacar fogo em tudo nunca funciona no longo prazo. Taquei fogo na minha vida e me juntei a um grupo dedicado ao orgasmo feminino, então posso atestar por experiência própria que não funciona. Tacar fogo em tudo — seja na sua vida ou no sistema — não resolve o problema. É só outra maneira de fugir dos seus problemas para reencontrá-los olhando para você do espelho. Para mudar o sistema de verdade, precisamos trabalhar de dentro para fora, exatamente onde nos encontramos, a partir de nossa vida atual.

O autocuidado de verdade é um trabalho discreto. Como você verá, tem menos a ver com acrescentar algo a sua lista de pendências e mais a ver com enxergar de modo diferente seu lugar no mundo, em sua família e em suas relações. Quando você aborda o autocuidado assim, está fazendo uma pequena revolução e transformando o sistema. De novo, recorro às palavras de Audre Lorde: "Cuidar de mim mesma não é autoindulgência, é autopreservação, e isso é um ato de guerra política".[17] Chegamos a um ponto crítico, no qual está claro que as velhas maneiras de ser e trabalhar não vão nos levar adiante. Está mais do que na hora de recuperar nosso poder. E, com uma pequena revolução fermentando em seu corpo, você estará contribuindo para uma revolução sistêmica mais ampla.

E QUANTO AOS HOMENS?

Uma amiga me contou que recentemente o marido levou os filhos ao dentista só para fazer limpeza, e o dentista comentou: "A mamãe deveria estar acompanhando isto". Sempre que escrevo ou falo sobre questões sistêmicas, o primeiro comentário que fazem é em relação aos homens. Em geral, é algo como: "Tá, mas se os homens dividissem o fardo, as mulheres não se sentiriam tão mal".

Essa é uma questão complicada, como muitas outras questões. Falei com a escritora e jornalista Brigid Schulte, diretora do Better Life Lab na New America, que conheci durante nosso trabalho na CareForce, uma coalizão multidisciplinar de pesquisadores, estudiosos, líderes empresariais e pessoas que defendem a justiça de gênero e mudanças na política do cuidado. Brigid estuda gênero e o trabalho do cuidado, e sua organização pesquisou como fazer os homens se envolverem com o trabalho doméstico. A New America entrevistou quase 3 mil adultos em 2019 e descobriu que mais de 80% das mulheres relataram que acreditam que homens e mulheres deveriam dividir igualmente o trabalho doméstico e apenas 46% diziam que o trabalho do cuidado era dividido de forma igual.[18] Embora seja fácil ficar furiosa com os homens e sair apontando o dedo, a verdade é que os problemas são muito maiores que uma batalha entre os gêneros. Brigid acredita que brigar com os homens é uma distração. Ela diz: "Eles estão tão empacados quanto as mulheres; é com o sistema que todos devemos ficar furiosos". Em vez de ficarmos uns contra os outros, se quisermos ver mudanças, é preciso que pessoas em todas

> as posições no espectro dos gêneros desafiem os sistemas sociais existentes.[19]
>
> A visão de Brigid reflete o que observo no consultório. Muitos homens em relações cisgêneros e heterossexuais fazem sua parte das responsabilidades da casa e da criação das crianças, e mesmo assim ocorrem incidentes como o que minha amiga me contou. Grupos como a CareForce estão lutando para incluir o trabalho do cuidado na pauta política dominante. Brigid sugere que isso opera em três níveis: na política pública, na política do ambiente de trabalho e na implementação de sistemas dentro da família. Por exemplo, no ambiente de trabalho, as empresas podem incentivar todos os trabalhadores, independentemente de gênero, a tirar licença parental remunerada, ou estabelecer políticas que promovam jornadas flexíveis, para que pessoas com deficiência ou responsáveis pelos cuidados de outros não fiquem em uma situação desigual. Vejo o autocuidado de verdade como um desses sistemas nos quais, como você vai aprender ao longo do livro, um processo implementado para si mesma gera um efeito cascata na vida das outras pessoas ao seu redor.

UM CAMINHO A TRILHAR

E se, em vez de nos repreendermos por não sermos suficientes, reconhecêssemos que são os sistemas que falharam conosco?

E se parássemos de recorrer a soluções rápidas e fizéssemos um trabalho interno que se mantém conosco para sempre, que é verdadeiramente nosso, como um produto nunca poderia ser?

E se pensássemos o autocuidado como um processo interno e silencioso que tem o poder de levar a uma mudança externa e dramática?

Se essas questões fazem sentido para você e se estiver pronta para se arriscar e mergulhar no paradigma completamente novo do autocuidado de verdade, continue lendo para saber como fazer isso acontecer.

PARTE II

O AUTOCUIDADO DE VERDADE É UM TRABALHO INTERNO

4. Recuperando as rédeas
Os quatro princípios do autocuidado de verdade

> *Qualquer pessoa interessada em provocar uma mudança no mundo precisa aprender a cuidar de si mesma, de si mesmo, de si mesme.*
>
> Angela Davis

Se o autocuidado de verdade não é um truque de produtividade ou a última moda, então o que é? De novo, o autocuidado de verdade não é um substantivo, é um *verbo* — um processo interno contínuo que nos guia rumo a um bem-estar emocional profundo e que reimagina como interagimos com os outros. Exige autoconhecimento, compaixão por si mesma e disposição de tomar decisões difíceis. O que aprendi trabalhando com minhas pacientes, lendo pesquisas científicas sobre bem-estar e refletindo sobre minha própria jornada terapêutica foi que no século XXI a definição de autocuidado de verdade é bem próxima do conceito de bem-estar eudaimônico.

BEM-ESTAR EUDAIMÔNICO: FAZER O MAIS IMPORTANTE

A maior parte de nós busca uma vida em que possa fazer o que lhe é mais importante, uma vida em que sinta que pode escolher de verdade como gastar seu tempo e sua energia. Mas nos perdemos nessa busca, sem saber direito para onde exatamente estamos indo.

A pesquisa do bem-estar se divide em duas teorias distintas de como encarar a boa vida: a abordagem hedonista e a abordagem eudaimônica. O bem-estar hedonista se concentra nos estados de felicidade e prazer — como os retiros de bem-estar de Monique. Em muitos aspectos, o falso autocuidado — dietas, desintoxicações, retiros e truques de produtividade — está alinhado com a abordagem hedonista, com seu foco na fuga de situações difíceis e no que é prazeroso no momento. Não me entenda mal — todas precisamos de uma válvula de escape de vez em quando, e poder pagar por esse hedonismo é um privilégio.

O bem-estar eudaimônico, em contraste, se concentra em extrair significado e agir de forma coerente com nossos valores; é a sensação de que nossa vida tem um propósito.[1] Em vez de priorizar o prazer ou a felicidade, o bem-estar eudaimônico enfatiza o crescimento pessoal, a aceitação de seu eu autêntico e a conexão com o que é significativo. Não é surpresa que esteja ligado a uma vida mais saudável, o que inclui sono melhor,[2] vida mais longa[3] e níveis mais baixos de inflamação.[4] Tudo de bom que estamos procurando, não é?

Cultivar o bem-estar eudaimônico não é simples, no entanto. Ele parece diferente para cada pessoa, porque as decisões que tomamos para atingi-lo dependem de crenças pessoais e valores individuais. Para algumas pessoas, pode significar abrir mão de metas de condicionamento físico exigentes e passar os fins de semana trabalhando por uma causa que valha a pena. Para outras, pode significar investir tempo e energia em uma maior conexão com os filhos. E para alguns pode significar uma mudança para uma carreira mais alinhada com os valores pessoais. O que existe de similar é que cada pessoa faz o que é importante para si e sabe por que gasta seu tempo da maneira que gasta. Muito mais do que uma moda passageira ou um retiro de bem-estar, *isso* é autocuidado de verdade.

A pergunta de um milhão de dólares, claro, é: como distinguimos autocuidado de verdade — as práticas que nos conduzem ao bem-estar eudaimônico — dos mecanismos de enfrentamento relacionados ao falso autocuidado, que discutimos na Parte 1? Como nos certificar de que estamos praticando o tipo de autocuidado que pode levar a uma sensação de plenitude? A resposta está em reservar um tempo para alinhar nossas práticas de autocuidado com os quatro princípios a seguir, todos fundamentados em buscar o bem--estar eudaimônico.

Vamos dar uma olhada nesses princípios, um a um.

AUTOCUIDADO DE VERDADE EXIGE ESTABELECER
LIMITES E SUPERAR A CULPA

Em seu cerne, o autocuidado de verdade consiste em tomar decisões. Para tomar decisões que promovam o bem--estar eudaimônico, é preciso ser assertiva e priorizar seus próprios desejos e necessidades. Para tanto, é preciso aprender a dizer *não* e definir limites. Isso muitas vezes significa equilibrar as necessidades das pessoas próximas a você, como seus pais ou filhos, e suas próprias necessidades. No processo, você deve aprender a não ser controlada pelo sentimento de culpa, que, apesar de inevitável, pode ser abrandado.

AUTOCUIDADO DE VERDADE IMPLICA TRATAR A SI MESMA COM COMPAIXÃO

Quando você tiver aprendido a estabelecer limites, o próximo passo é falar consigo mesma com mais compaixão. Praticar o autocuidado de verdade significa olhar com firmeza e sinceridade para o que você precisa (e o que deseja) e dar a si mesma permissão de obter isso, o que só é possível quando se cultiva internamente a compaixão. O trabalho de superar padrões comuns, como o modo mártir, está incluído nessa prática, assim como verificar de perto a maneira como você fala consigo mesma.

AUTOCUIDADO DE VERDADE APROXIMA VOCÊ DE SI MESMA

Enquanto o falso autocuidado te distancia de si mesma, o autocuidado de verdade sempre te aproxima da versão mais autêntica de si mesma. Trata-se de um processo de conhecer-se — quem você é de verdade —, incluindo principais valores, crenças e desejos. Também é um processo de tomada de decisão interna que exige introspecção, sinceridade e perseverança. Você vai saber que está praticando autocuidado de verdade quando sentir que seu exterior corresponde a seu interior.

AUTOCUIDADO DE VERDADE
É UMA AFIRMAÇÃO DE PODER

Enquanto o falso autocuidado serve apenas para depreciar as mulheres, o autocuidado de verdade as valoriza, transformando sistemas de poder há muito operantes. Embora tenham nos ensinado a esperar permissão para exercer esse tipo de controle sobre nossa própria vida, somos as únicas que podemos nos dar permissão para praticar o autocuidado de verdade. Não se engane: o autocuidado de verdade, no qual você olha para dentro de si mesma e toma decisões com base em reflexão e consideração, é uma afirmação de poder. Envolve encarar a toxicidade e o trauma que nossa cultura impõe às mulheres. Envolve dizer o que funciona e o que não funciona para você. Envolve ter a audácia de afirmar: "Eu existo e importo". Esses são atos revolucionários — e só quando uma massa crítica de mulheres fizer esse trabalho interno teremos uma mudança coletiva no mundo.

Esses quatro princípios se sobrepõem, e cada passo depende dos aprendizados relacionados ao princípio anterior — como você verá na história da minha paciente Clara.

Quando Clara, de 45 anos, foi me ver, já fazia uma década que trabalhava como professora especializada em educação especial. Vinha de uma longa linhagem de educadores — o pai fora professor na Colômbia, país de origem da família, e a mãe trabalhara em uma creche. No entanto, depois de anos de cortes no orçamento e retrocessos na escola pública, Clara estava esgotada. Ainda havia momentos de alegria, como quando um aluno progredia ou uma família lhe mandava um bilhete sincero de agradecimento. Mas, por dentro, Clara sabia que não suportaria mais uma década dando tudo de si no trabalho sem que restasse nada para si mesma. Ela havia experimentado uma ampla variedade de práticas de falso autocuidado e passado por um treinamento de resiliência, mas nada ajudara por um período sustentável. Assim, começamos nosso trabalho identificando como Clara poderia cuidar melhor de si mesma enquanto seguia uma profissão que claramente amava.

Ao longo de meses de terapia, que envolveram olhar com cuidado para as partes de seu trabalho que lhe davam alegria e as que a deixavam frustrada, identificamos um dos valores centrais para Clara: a autonomia — senti-la nela própria e apoiá-la nos outros. Quando a diretoria tirava a autonomia de Clara, questionando suas decisões — algo que vinha acontecendo cada vez com mais frequência —, ela se sentia desmoralizada e diminuída. Mas quando Clara sentia que havia ajudado os estudantes a ganhar confiança em suas habilidades — quando Clara fomentava a autonomia deles —, sentia que estava alinhada a seu propósito.

Clara acabou decidindo sair da escola e começar seu próprio negócio dando aulas particulares a alunos com transtornos de aprendizagem e atraso de desenvolvimento. Isso envolveu superar sentimentos de culpa (por querer deixar o ambiente da escola pública) e inveja (de professores que tinham sido corajosos o bastante para deixar o sistema e assumir o controle da própria vida). Ao identificar seus valores e refletir sobre seus sentimentos, Clara foi capaz de tomar uma atitude e começar seu próprio negócio.

Isso não parece com o autocuidado com que muitas de nós estão acostumadas — pois não envolve a compra de um produto ou uma prática de bem-estar. O autocuidado de verdade não é *algo* que se faz, é um modo de ser. Analisando de perto, você verá que o processo de tomada de decisão de Clara não só promoveu bem-estar eudaimônico, mas esteve em perfeito alinhamento com os princípios do autocuidado de verdade: envolveu estabelecimento de limites (ela não ia mais aceitar ser maltratada pela diretoria), maior compaixão consigo mesma (ela precisava aceitar seus sentimentos de culpa e inveja), aproximação de seu verdadeiro eu (ela passou a ver de outra maneira a importância da autonomia em sua vida) e uma afirmação de seu poder (ela teve que pedir demissão e abrir seu próprio negócio).

Cada um dos capítulos da Parte II vai explorar um dos quatro princípios em profundidade, fornecendo conselhos concretos e exercícios para colocá-los em ação enquanto você começa a desenvolver sua prática de autocuidado de verdade.

ESPERA AÍ, MAIS TRABALHO?

Se você é como as mulheres que atendo, enquanto lia sobre os quatro princípios do autocuidado de verdade e a história de Clara, deve ter pensado: *Argh! Mais trabalho! Não acabamos de passar a primeira parte do livro falando sobre como as mulheres já fazem coisas demais e nem são pagas por isso?*

Sim, você tem razão. Fui pega: estou pedindo que você trabalhe ainda mais. Antes que atire este livro do outro lado do cômodo, permita-me explicar. As ferramentas que vou apresentar ao longo do livro são baseadas em um tipo de terapia comportamental chamado terapia de aceitação e compromisso.[5] Ela é diferente dos outros tipos de terapia porque parte do princípio de que todos sofremos na vida, e de que não há como evitar esse sofrimento. Em vez de focar em eliminar os pensamentos ruins e os sentimentos difíceis, a terapia de aceitação e compromisso nos ensina a seguir adiante *apesar* do sofrimento, indo atrás do que é mais importante na nossa vida. Trata-se de um tipo de terapia que apoia uma vida mais eudaimônica — uma vida em que seu interior corresponda com o exterior, e na qual a forma como você gasta seu tempo e sua energia está alinhada com seus valores. Isso requer um trabalho emocional e mental da sua parte — você precisará fazer perguntas difíceis a si mesma e estar disposta a ter conversas duras com pessoas com que se importa. Não vou fingir que é fácil, mas *funciona*, confie em mim.

Talvez algumas de vocês continuem tentadas a atirar as mãos para o alto diante de tudo isso. Não culpo nem vou impedir ninguém. Levem todo o tempo que for preciso. Assistam a dez temporadas de um reality show de culinária, se estiverem precisando disso, mergulhem em um tanque de água salgada, experimentem os ovos de jade. Depois que tiver experimentado soluções de bem-estar, veja como se sente. Pergunte a si mesma se funcionou. A maior parte de nós termina assim, lendo um livro como este (ou, vamos ser sinceras, *escrevendo* um livro como este), porque já tentou de tudo e não funcionou. Você provavelmente está aqui porque está aberta — ou até desesperada — a experimentar algo novo. A maior parte das pessoas recorre a esse tipo de coisa quando todas as opções de falso autocuidado se exauriram e elas não têm mais nada a perder. Como a prática do autocuidado de verdade em si, a escolha é de extrema importância. Você não precisa ver todos os princípios em um único dia. Faça uma pausa quando estiver difícil demais e retorne quando puder. Trata-se de uma abordagem gentil, não deve exigir esforço desmedido nem autoflagelação.

COMO PRATICAR AUTOCUIDADO DE VERDADE QUANDO SE TEM UM TRANSTORNO MENTAL

As coisas se confundem um pouco quando se trata de saúde mental e autocuidado. No momento, há uma crença equivocada bastante comum de que é possível superar um transtorno depressivo importante ou o transtorno do estresse pós-traumático através do autocuidado. No entanto, as condições de saúde mental são neurobiológicas e exigem acompanhamento psicoterapêutico, e às vezes medicação psicotrópica prescrita por profissionais para ajudar a pessoa a se sentir melhor. Em vez de pensar no autocuidado como uma ferramenta para tratar uma condição específica, deve-se pensar nele como um teste para ver como você está se saindo. Se você sabe que sua caminhada diária até o parque com o cachorro lhe faz bem, no entanto não consegue se convencer a sair com ele, ou se sente uma culpa tão intrusiva e constante que pensa ser incapaz de superá-la, pode ser um sinal de que precisa buscar ajuda profissional. Quando sua condição psiquiátrica for tratada, então é possível aplicar os princípios do autocuidado de verdade. Passei por isso pessoalmente. Enfrentei ansiedade e depressão clínicas no passado e tive que procurar tratamento para ambas antes de poder dar início ao trabalho autoguiado do autocuidado de verdade.

AS TRÊS BANDEIRAS DE ALERTA NO CAMINHO DO AUTOCUIDADO DE VERDADE

Antes de vermos os princípios do autocuidado de verdade, é importante deixar claro o que não é autocuidado de verdade. Há três bandeiras às quais é importante ficar alertas — para não as deixar passar, para não sair do caminho do autocuidado de verdade e para não voltar ao falso autocuidado. A pressão para retornar à mentalidade-padrão vem de todos os lados, por isso vale a pena fazer uma pausa aqui e deixar essas bandeiras no seu radar.

O autocuidado de verdade não é isento de riscos

Para praticar o autocuidado de verdade, você deve estar disposta a ficar vulnerável — quer isso signifique ter conversas desconfortáveis para estabelecer limites ou fazer a escolha clara e deliberada de priorizar um aspecto da sua vida em detrimento de outro. A boa notícia é que esses saltos no escuro compensam no longo prazo. Cada decisão que se toma a serviço do autocuidado de verdade leva a pessoa para mais longe dos sistemas opressivos que a seguram e para mais perto de quem ela realmente é. Sempre há um custo — seja financeiro, social ou emocional — e sempre há um ganho — na forma de bem-estar emocional, controle do próprio tempo e da própria energia ou relações transformadas.

Portanto, faz sentido que, para levar esse trabalho adiante, seja preciso ter coragem. Em sua palestra TED sobre o poder da vulnerabilidade,[6] que foi vista mais de 50 milhões de vezes, Brené Brown relaciona risco e coragem. Ela passou as últimas duas décadas estudando coragem, vulnerabilidade, vergonha, empatia e o que separa as pessoas que correm riscos e as que não correm. Por fim, descobriu que "essas pessoas tinham, simplificando, a coragem de ser imperfeitas... Estavam dispostas a abrir mão de quem pensavam que deveriam ser para ser quem eram".

Construir uma vida na qual cuidamos de nós mesmas sempre vai oferecer riscos — qualquer pessoa que diga que você pode fazer isso sem um custo deve ter segundas intenções. A boa notícia é que você colhe os benefícios — como vimos no caso de Clara —, assim como as pessoas à sua volta e até mesmo os sistemas dentro dos quais trabalha. É precisamente por nossos sistemas agirem contra nós que devemos ter coragem de encarar o trabalho interno do autocuidado de verdade.

O autocuidado de verdade não é uma religião

Principalmente em momentos de caos ou desordem social, é natural procurar A Resposta em gurus ou fontes externas de autoridade. Talvez eu me envolva mais com este ponto por causa de minha história pessoal. Qualquer pessoa que diga que há apenas um caminho para o bem-estar deve fazer seus pelos se arrepiarem. O autocuidado de verdade exige que quebremos o paradigma de que existe uma resposta única para o bem-estar. Quando for usar as ferramentas deste livro, lembre-se: o que estou apresentando aqui não é canônico. Você vai questionar minhas afirmações, vai descobrir que parte delas não é para você e não vai segui-las ao pé da letra. Essa é a maneira certa de agir. Este livro não deve ser usado como uma bíblia, porque a premissa do autocuidado de verdade é: como seres humanos, não devemos esperar uma solução que sirva para todos. Precisamos tomar cuidado para não virarmos fanáticas de nenhuma prática.

Estamos todas vulneráveis à sedução dos chamados gurus, o que se torna mais verdadeiro quanto mais as estruturas sociais fracassam.

O autocuidado de verdade não é um ponto de chegada

Quando encontrei uma editora para *Autocuidado de verdade*, em 2021, eu disse a minha terapeuta Christie: "Como é que vou escrever esse livro? Sou qualificada para isso?". Eu me considero viciada em trabalho. Para mim, o autocuidado é uma das coisas mais difíceis que existem. Fracassei na busca do bem-estar da pior maneira possível: me juntando a um culto! Com compaixão, Christie, que está do meu lado desde que deixei o culto, disse: "Pooja, tenho a sensação de que escrever esse livro vai ser um processo de autodescoberta e cura para você". E ela estava certa.

Sim, sou psiquiatra, por isso tenho a formação e a experiência necessárias, mas, como muitas de vocês sabem, dar conselhos é muito mais fácil que os seguir você mesma. Não estou aqui para lhe dar conselhos do alto da montanha. Estou aqui como companheira de viagem. Com certeza há dias, semanas e até meses em que recaio no masoquismo e ataco a mim mesma, esqueço de dizer *não* e perco de vista o que realmente importa. Tenho guias que me ajudam a voltar à trilha — como Christie, minha família, amigos e colegas que me apoiam. Eu me apoio nessa equipe, volto a me erguer e tento outra vez. Esse é o trabalho do autocuidado de verdade. Você nunca é perfeita e nunca risca nada da lista e considera feito.

Se você ficar desanimada ao descobrir que o autocuidado de verdade não é uma solução bonita e organizada, aguente firme. Lembra que no capítulo 1 falamos sobre como o falso autocuidado prescreve métodos enquanto o autocuidado de verdade foca em princípios? Isso é crítico porque viver de acordo com seus princípios é um processo para a vida toda. Suas circunstâncias sempre vão mudar — quer você engravide, mude de emprego ou se veja diante do desafio de cuidar de familiares que estão envelhecendo. Você sempre vai ter que aprender a aplicar os princípios do autocuidado de verdade em situações novas, mas também vai adquirir prática e confiança. Uma solução fácil nunca poderia funcionar no longo prazo. Faremos isso pela vida toda.

CELEBRE MESMO QUANDO VOCÊ FALHA

Usar esses princípios — mesmo que de maneira imperfeita — para guiar suas ações leva você para o caminho do autocuidado de verdade. Não há pressão para "acertar" e ser perfeita o tempo todo. Haverá situações em que você vai olhar para trás e dizer: "Nossa, eu deveria ter dito *não* para aquele projeto que sugou todo o meu tempo", ou "Cara, passei uma hora me culpando por ter esquecido de inscrever as crianças no acampamento de verão". Isso é normal e esperado. E não só isso: não prejudica seu progresso no autocuidado de verdade. Essa é a beleza de um trabalho interno e autoguiado: ele não é binário, e só de manter seus princípios como guia você já está fazendo o bastante.

5. Autocuidado de verdade exige limites
Superando a culpa

> *Para libertar-nos das expectativas dos outros, devolver-nos a nós mesmos — aí está o grande e singular poder do respeito próprio.*
>
> Joan Didion

Minha paciente Angela, de 32 anos, costumava ser aquela que resolvia todos os problemas em casa. O papel higiênico tinha acabado? Ela passava rapidinho no mercado. O namorado havia se trancado do lado de fora do apartamento? Ela pegava um táxi e ia salvá-lo. Um dia, Angela me contou uma história bastante reveladora. Logo que ela e o namorado foram morar juntos, decidiram adotar um cachorro. Angela se dividia entre um trabalho em meio período como assistente executiva e um mestrado em serviço social, e a semana de provas estava chegando. Além disso, aos fins de semana ela precisava fazer o estágio obrigatório para se formar.

Um sábado, o namorado dela saiu com amigos enquanto Angela estava no estágio. Pela manhã, os dois haviam planejado que ele chegasse em casa às três da tarde para levar Elie, a cachorrinha, para passear. Angela recebeu uma mensagem do namorado às quinze para as três dizendo que um amigo o havia chamado para jantar, portanto ele não poderia levar Elie para passear. Ele queria saber se Angela podia sair mais cedo do estágio e ir para casa. Ela correu para ajudar: terminou rapidinho o que estava fazendo e pediu à supervisão para compensar suas horas no fim de semana seguinte.

Na consulta daquela semana, Angela contou essa história como um exemplo: mesmo quando o companheiro dava uma mancada, ela conseguia salvar o dia. Estava satisfeita com sua capacidade de lidar com mais coisas do que parecia humanamente possível. "Sei que vou ter que compensar as horas, mas não temos nada planejado para o fim de semana, então deu tudo certo", Angela explicou.

Perguntei a Angela por que ela decidira atender ao pedido do namorado se os dois haviam combinado que ele seria responsável por Elie aquela tarde. A mudança de planos não havia exigido mais dela? Angela pareceu surpresa.

"A supervisão não se importou, então não teve problema."

"Mas vocês não se programaram aquela manhã, e ele não tinha concordado em se responsabilizar por Elie durante a tarde?"

Parecendo um pouco envergonhada, Angela disse: "Acho que nem me ocorreu que eu podia dizer *não* pra ele".

Insisti mais um pouco. "Notei que passamos grande parte do nosso tempo falando sobre como o mestrado é importante para você. O que acha de sua disposição em abandonar rapidamente suas prioridades para que seu namorado possa ficar mais tempo com um amigo?"

Vejo muitas mulheres como Angela no meu trabalho, com dificuldade de estabelecer limites com o companheiro ou a companheira, familiares e até amigos. Embora a situação de Angela possa parecer extrema, talvez você note outro grau desse mesmo comportamento na sua vida. Por exemplo, assim como Angela, no calor do momento você pode não se dar conta de que existe a opção de estabelecer um limite. Ou talvez você perceba que gostaria de dizer *não*, mas não se sinta confortável com a possibilidade de entrar em conflito. Ou talvez você se sinta culpada demais por comunicar sua escolha com firmeza. O fracasso em estabelecer limites faz com que Angela e mulheres como ela se vejam presas a atividades insatisfatórias, além de consumir a energia mental e emocional necessária para que elas se envolvam em práticas de autocuidado de verdade.

Portanto, o primeiro princípio do autocuidado de verdade é estabelecer limites. Limites são a base de tudo: sem eles, o restante do trabalho não pode acontecer. Autocuidado de verdade envolve criar espaço para *você* — seus pensamentos, seus sentimentos e suas prioridades na vida. A maior parte das minhas pacientes precisa lutar para conseguir esse espaço, porque não vê seu tempo e sua energia como algo que lhe pertence. De novo: a culpa não é delas. Todo o sistema foi construído sobre a premissa de que as mulheres — e em especial das mulheres racializadas — não são donas do próprio tempo. Estabelecer limites é a maneira de recuperar seu tempo, sua energia e sua atenção.

O QUE EXATAMENTE SÃO LIMITES?

Pense em limites como o espaço energético entre duas pessoas. Isso talvez soe místico demais, portanto vou explicar melhor. Quando me juntei ao corpo docente do departamento de psiquiatria da Universidade George Washington, minha mentora, a dra. Lisa Catapano, me levou para almoçar. Ao longo dos anos, tínhamos nos tornado amigas e conversado várias vezes sobre ser uma mulher em uma profissão como a medicina, dominada por homens. A seu modo confiante e direto, que sempre considerei reconfortante e compassivo, Catapano me deu um conselho que trouxe uma mudança dramática para a minha visão dos limites profissionais: *você não precisa atender seu telefone*.

Fiquei um pouco chocada. Era o exato oposto do que eu havia aprendido como estudante de medicina e residente. Naquela época, o dogma era: esteja sempre disponível e atenda imediatamente. A mentalidade de estar sempre "conectada" predominava mesmo quando eu não estava de plantão.

"Deixe entrar na caixa de mensagem", Catapano disse, "então ouça a mensagem. Veja o que a pessoa quer e se reserve alguns minutos para decidir o que você quer fazer."

A ideia de que eu podia não só reservar um momento para mim, mas que naquele espaço poderia decidir a melhor forma de responder, foi simplesmente revolucionária. Não importava se quem ligava era a recepção, para me dizer que eu precisava assinar uma papelada, ou pacientes que queriam remarcar uma consulta. Quando eu atendia o telefone, sempre me sentia pressionada a dizer *sim* e a reagir. Não atender e deixar entrar na caixa de mensagem me dava tempo e espaço para pensar na resposta e ser estratégica quanto ao meu tempo e a minha energia.

Meu limite estava na pausa.

Nessa pausa, cabia a mim decidir como responder. Eu podia dizer: "Claro, vou cuidar disso agora mesmo". Ou: "Estou lotada de pacientes hoje. Por que não deixa no meu escaninho e dou uma olhada amanhã?". É claro que às vezes os pacientes precisam de mim com urgência. Mas deixar a ligação entrar na caixa não é abandonar nem ignorar ninguém — é me dar tempo de responder em vez de reagir. Na verdade, ao me apropriar da minha atenção, minha disponibilidade *aumenta* nos raros casos de emergência.

Estabelecer limites envolve reconhecer que você tem uma escolha e comunicar isso. Antes de chegar a esse ponto, é preciso enfrentar um obstáculo gigantesco que quase sempre se apresenta: os sentimentos alheios. Quando você comunica um limite, algo complicado acontece. Quer seja com amigos, parentes ou a associação de pais e mestres da escola, provavelmente haverá consequências, reais ou imaginadas. Por exemplo, alguns ficariam chocados com minha decisão de não atender o telefone. Mas limites não são uma criação conjunta. As pessoas vão ter a própria reação aos seus limites, mas não cabe a elas criá-los. Limites estão relacionados com o que *você* precisa para interagir no mundo.

A tensão entre o que você precisa e o que outras pessoas em sua vida esperam de você está no cerne do problema de tantas mulheres ao definir limites, por isso faço questão de deixar a relação muito clara: *Estabelecer limites é difícil porque você se preocupa com a reação alheia, e não porque tem dificuldade em estabelecer quais são eles.* Lembre-se dessa frase e volte a ela quando for realizar o árduo trabalho de estabelecer limites.

Na próxima seção, vou apresentar um exercício que você pode usar para avaliar o nível de autocuidado de verdade que pratica no momento. Depois de equipada com essa informação, o restante do capítulo vai guiá-la pelo meu modelo para estabelecer limites, com técnicas específicas para lidar com a culpa, deixar de lado o que os outros pensam e fazer pedidos. Ao fim do capítulo, vou responder às perguntas que mais surgem no meu consultório sobre esse tema dos limites.

TERMÔMETRO DO AUTOCUIDADO DE VERDADE

Quando avalio a capacidade das pacientes de praticar autocuidado de verdade, não me preocupo se elas fazem ioga toda semana ou se bebem água suficiente todo dia. Ao longo dos anos, percebi que a capacidade das pacientes de reconhecer que têm escolhas e de comunicá-las é um parâmetro bastante confiável de quão bem cuidam de si mesmas. Portanto, para começar nosso trabalho, criei este termômetro do autocuidado de verdade. Ele vai ajudar você a medir sua capacidade de identificar e comunicar seus limites em uma série de situações espinhosas comuns. Confira sua nota no fim e veja onde se encaixa (no vermelho, amarelo ou verde). Se uma questão em particular não corresponder exatamente a suas circunstâncias de vida, procure imaginar como você responderia nesse caso.

QUESTÃO I

É fim de semana, e você foi para um retiro de ioga com seus amigos mais próximos. Levou um ano para vocês conseguirem marcar uma data que todo mundo pudesse, e você está esperando por isso há meses. Quando você vai começar uma das práticas, recebe uma mensagem da chefia, que sabia que você estaria viajando no fim de semana: você poderia, por favor, encaminhar a planilha em que está trabalhando para uma reunião com um cliente importante na semana que vem? Qual das opções descreveria melhor sua resposta?

A. Você liga de volta na mesma hora, perde a aula de ioga e se oferece para atualizar a planilha com os números mais recentes, perdendo o almoço no processo. (**1 ponto**)

B. Você vê a mensagem, faz a aula de ioga, almoça tranquilamente e verifica se sua resposta automática de ausência temporária está ativa. Você só responde à mensagem quando está no aeroporto a caminho de casa, indicando onde a planilha está salva e dizendo que ficará feliz em discutir atualizações na segunda-feira pela manhã. (**3 pontos**)

C. Você vê a mensagem, mas faz a aula de ioga. Tem dificuldade de se concentrar na respiração porque está preocupada com o trabalho e fica se perguntando se não deveria ter passado instruções mais claras à equipe. Você passa a aula toda repreendendo a si mesma por não ter lembrado a chefia (pela terceira vez) de todas as atualizações antes de ir embora. Você se convence de que foi má ideia viajar num fim de semana tão perto de uma reunião com um cliente importante. No fim da aula, está mais tensa do que quando começou. (**2 pontos**)

QUESTÃO 2

É Dia de Ação de Graças, e seus sogros convidaram vocês para passar a semana inteira lá. Eles moram do outro lado do país e o preço das passagens é exorbitante. Vocês passam vários feriados com esse lado da família, portanto não vai ser sua única chance de vê-los. A semana do Dia de Ação de Graças costuma ser lotada de almoços e jantares festivos, atividades e eventos em que sua presença é esperada. Você está com muito trabalho no momento e tem filhos pequenos, com quem não é fácil viajar. O que faz?

A. Desembolsa o dinheiro das passagens, passa a semana inteira com os sogros e participa de todas as atividades. Volta para casa exausta e cheia de coisa para fazer. A rotina das crianças é virada do avesso e você passa duas semanas lidando com as consequências disso. (**1 ponto**)

B. Durante uma discussão sobre algo que não tem nada a ver, você toca no assunto do Dia de Ação de Graças com seu companheiro. Furiosa, você vai direto ao ponto: não é justo passar tanto tempo com a família dele nas festas de fim de ano, principalmente quando você está tão ocupada. Seu companheiro discorda e diz que você está exagerando. Você acaba cedendo e passando a semana toda nos sogros, porém volta para casa chateada e exausta. (**2 pontos**)

C. Em um jantar descontraído, você menciona com seu companheiro suas preocupações em relação à viagem, expressando-as de maneira clara e tranquila. Ele discorda e diz que você está exagerando e poderia ser mais flexível. Você não volta atrás e insiste no seu ponto, sendo mais específica ao explicar como será complicada a semana para você e as crianças. Depois de algumas discussões difíceis, os dois pesam juntos os prós e contras e decidem que vão gastar dinheiro com as passagens, mas a visita será de apenas quatro dias, e não de uma semana. (**3 pontos**)

QUESTÃO 3

Uma amiga próxima convida você para o casamento dela. Você seria madrinha e teria que viajar e ajudar com o chá de cozinha e a despedida de solteira. Para participar de tudo, você precisaria gastar um dinheiro que não tem. Trata-se de uma amiga de longa data, e você dá muito valor a essa amizade. O que faz?

A. Aceita o convite. Só quando o casamento se aproxima que você se dá conta de quanto dinheiro vai ter que gastar. Você paga tudo com o cartão de crédito e se endivida. Não menciona sua situação financeira para a amiga, porque não quer causar problemas, mas, por dentro, sente que está sendo irresponsável com suas finanças. **(1 ponto)**

B. Embora saiba que não tem dinheiro para participar de tudo e não queira se endividar, você não se sente confortável para falar de dinheiro com sua amiga. Gostaria de ir ao casamento dela, então aceita o convite. No entanto, conforme o evento se aproxima, fica cada vez mais ansiosa em relação a suas finanças e, por fim, volta atrás algumas semanas antes. Você se sente culpada e triste, tendo arriscado uma amizade importante. **(2 pontos)**

C. Diz que não sabe o que fazer, porque quer ir ao casamento, mas, no momento, não tem os recursos necessários. Ela compreende, mas continua querendo que você vá. Depois de uma boa conversa, você acaba concordando em ir ao casamento, mas sem participar da despedida de solteira. Você sente orgulho de si mesma pela maneira como conduziu a conversa sem prejudicar uma amizade, apesar de ficar um pouco chateada por perder a despedida de solteira. (**3 pontos**)

QUESTÃO 4

Uma conhecida que você costuma encontrar em eventos de outros amigos sempre deprecia ou ignora sua opinião, a ponto de fazer com que você se sinta insignificante e deixada de lado. O que faz?

A. Convida a pessoa para tomar um café (só as duas) e conversa com ela a respeito disso, revelando o que notou e como ela faz com que você se sinta. Embora não se tornem amigas próximas, você nota que depois da conversa ela é mais respeitosa com você. (**3 pontos**)

B. Não diz nada, mas fica remoendo a coisa sempre que acontece e se pergunta se não está exagerando. Você fica trocando mensagens com amigos de outros grupos analisando o comportamento dela para descobrir quem é que está errada. E continua a encontrando, apesar de se sentir cada vez mais ansiosa antes e depois de cada evento. (**1 ponto**)

C. Não diz nada, mas se sente cada vez pior depois de cada encontro. Por fim, acaba se distanciando daquele grupo de amigos, muito embora se desse muito bem com outras mulheres nele. (**2 pontos**)

QUESTÃO 5

Você anda se sentindo sobrecarregada, assim como seu companheiro ou sua companheira. Você gostaria de encontrar uma maneira de ter mais tempo só para si, mas se sente culpada diante da ideia de pedir isso, porque sabe que significaria mais trabalho para a outra parte. O que faz?

A. Evita tocar no assunto, porque considera egoísmo pedir tempo para si. Mas se ressente e de tempos em tempos perde a paciência com o companheiro ou a companheira, sem nunca pensar em uma solução real. Como resultado, a qualidade do relacionamento vai decaindo. **(1 ponto)**

B. Reconhece que se trata de um problema que só vai piorar se não for encarado. Você toca no assunto tentando encorajar as duas partes a trabalhar juntas para se certificar de que cada uma tenha seu tempo a sós. Decidem que a cada duas semanas um de vocês vai se encarregar de dar o jantar para as crianças e colocá-las para dormir. Desse modo, você poderá fazer uma aula de ioga no seu estúdio preferido. **(3 pontos)**

C. Menciona a questão com seu companheiro ou sua companheira e vocês chegam à conclusão de que para ambas as partes é importante que cada uma tenha um tempo a sós. Em conjunto, vocês decidem que haverá uma noite "de folga" por mês. No entanto, sempre que a noite chega, você se sente culpada por deixar o trabalho da casa e acaba ficando. **(2 pontos)**

QUESTÃO 6

Você tem uma amiga em uma situação de trabalho tóxica, que liga para reclamar da chefia e dos colegas várias vezes na semana. Essa situação já dura alguns meses e deixa você exausta. Você também notou que, apesar das queixas constantes, sua amiga não tomou nenhum tipo de atitude. O que faz?

A. Muito embora as trocas de mensagens ou ligações ocupem muito do seu tempo, você não diz nada e continua a atender e a ouvi-la reclamar algumas vezes por semana. Você percebe que começa a ficar frustrada com ela, mas não diz nada, porque não quer magoá-la. (**1 ponto**)

B. Nota que se estabeleceu uma dinâmica que faz com que se sinta usada por sua amiga. Da próxima vez que ela escreve, você leva algum tempo para responder. Diz que está ocupada no fim de semana e não vai poder conversar, em vez de ser sincera quanto ao motivo do distanciamento. Você se sente culpada por não a apoiar e um pouco insatisfeita com aquela amizade, e começa a evitar as ligações dela. (**2 pontos**)

C. Nota que está contribuindo mais com a relação do que ela. Da próxima vez que sua amiga liga, você comenta o que percebeu e comunica que, embora a apoie e queira ser uma boa amiga, não é terapeuta nem coach de carreira. Você sugere que ela procure ajuda adicional nesse período, porque não quer que a situação afete a amizade no longo prazo. (**3 pontos**)

QUESTÃO 7

Seus pais lhe dão conselhos não solicitados em muitas decisões da sua vida (por exemplo, com quem sair, como criar os filhos, que trabalho aceitar). Em geral, como você recebe esses conselhos?

A. Embora preferisse que eles não dessem tantos conselhos não requisitados e fantasie em colocá-los em seu lugar, você nunca expressa sua frustração. A cada dez vezes, em nove você segue os conselhos deles porque não quer chateá-los ou porque não suporta saber que eles não aprovam suas ações. (1 ponto)

B. Você leva os conselhos deles em conta quando os requisita, no entanto toma as próprias decisões. E, mesmo que saiba que seguir uma direção contrária vai causar tensão, é fiel a suas escolhas. Você não se sente insegura só porque seus pais não aprovam o que faz. (3 pontos)

C. Você se ressente das tentativas deles de controlar sua vida. Quando toma uma decisão que sabe que seus pais não aprovariam, faz tudo ao seu alcance para esconder isso deles. (2 pontos)

(7-10 pontos) **Vermelho:** Você se sente exausta, sobrecarregada e está sempre no limite. Fantasia em pegar um avião e se mandar. Paradoxalmente, a mera ideia de reservar algum tempo para si mesma depois de um dia de trabalho intenso, seja para fazer uma caminhada ou jantar com amigos, acaba com você. Até o menor pedido da chefia, do companheiro ou da companheira, ou mesmo dos filhos pode despertar sua irritação. Quando considera mudar sua situação, nada lhe ocorre: tudo o que você quer é dar uma dormidinha.

(11-17 pontos) Amarelo: Você se sente sobrecarregada em determinados momentos, mas em outros sente que está no controle. Sabe que deve tomar decisões que priorizem seu bem-estar, mas ainda não descobriu como abrir espaço para si mesma. Você nota que há certas áreas de sua vida que te esgotam — no âmbito do trabalho, no pessoal ou no familiar —, mas evita ter conversas duras a respeito. Tomar decisões no dia a dia parece difícil, e talvez você sinta culpa por fazer escolhas alinhadas com seus valores e que possam incomodar familiares, amigos ou colegas de trabalho.

(18-21 pontos) Verde: Você toma decisões pensadas sobre como gasta seu tempo e sua energia. E se sente agente do poder em sua vida. É capaz de dizer *não* mesmo que às vezes se sinta culpada. Pode ser generosa com seu tempo e sua energia, e estar presente para sua família. Tem clareza na tomada de decisões.

Agora que usou esse termômetro para medir o nível de autocuidado de verdade que vem praticando, não entre em pânico se estiver no vermelho ou no amarelo. Estabelecer limites e praticar autocuidado de verdade é algo para a vida toda. Quando falo com minhas pacientes sobre isso, explico que autocuidado de verdade é como trabalhar um músculo. É preciso tempo para pegar o jeito. Mesmo que você esteja no verde, durante períodos de estresse ou transição, você pode se pegar no amarelo ou no vermelho.

Por esse motivo, é importante sempre voltar para uma posição de autoavaliação e reflexão. Como você está se saindo com a questão dos limites? Use o checklist a seguir para analisar seu processo. Retorne a ele depois de algumas semanas, depois de alguns meses e conforme passa de uma fase a outra da vida. Como está indo?

Você pode estar no vermelho se:

- A sensação de estar sobrecarregada é crônica.

- Quando seus familiares, amigos ou colegas lhe pedem alguma coisa, nem passa pela sua cabeça que a resposta pode ser *não*.

- Pequenos pedidos deixam você irritada ou brava.

- Vê-se dizendo *sim* para tudo, mesmo que depois vá ficar cansada e se sentir sobrecarregada e ressentida (ou que vá acabar dando para trás no último minuto).

- Fantasia com frequência em fugir e deixar tudo para trás.

- Não tem tempo para atividades que te ajudam a se sentir melhor (atividade física, seus livros preferidos, passar tempo de qualidade com os amigos) mas *mesmo assim*, quando encontra algum tempo, troca essas atividades por uma soneca ou ficar mexendo no celular.

- Raramente tem espaço para tomar decisões deliberadas sobre como gasta seu tempo e sua energia, e sua vida parece amplamente fora do seu controle.

Você pode estar no amarelo se:

- Consegue dizer *não* a obrigações e tarefas; no entanto, depois de estabelecer limites é acometida pela culpa.

- Nota que o único momento em que não se sente culpada depois de estabelecer limites é quando outra pessoa lhe dá permissão para dizer *não*.

- Sabe que precisa ter mais conversas diretas com a chefia ou a família sobre a divisão do trabalho, mas não consegue se convencer a fazer isso.

- De tempos em tempos, tira férias e fica a sós, mas assim que retorna à vida normal se sente sobrecarregada outra vez.

Você pode estar no verde se:

- É capaz de tomar decisões difíceis sobre como gasta seu tempo e sua energia; quando é acometida pela culpa, ela não te paralisa.

- Reconhece que é sua responsabilidade comunicar suas necessidades e preferências, e consegue fazer isso de maneira efetiva na maioria das vezes.

- Quando precisa tomar uma decisão difícil, reserva tempo para refletir e pensar nos seus valores. Você reconhece que não precisa agradar todo mundo e que está fazendo o seu melhor com os recursos a sua disposição.

- Nota períodos em que sente uma generosidade autêntica em relação aos outros, e quando isso acontece não se sente obrigada a nada.

- Não espera permissão nem aprovação dos outros para tomar decisões sobre como gasta seu tempo e sua energia.

Vermelho, amarelo ou verde — todos começamos de algum lugar. Se você acabou de se dar conta de quanto trabalho tem a realizar, tenha certeza de que é capaz de chegar ao verde. Mas, como acontece com tudo aquilo em que queremos melhorar, estabelecer limites exige prática e — como você verá — algumas habilidades essenciais.

Conforme avança neste capítulo, reflita sobre as seguintes questões:

1. Quando é mais fácil para você dizer *não* ou estabelecer limites?

2. Há fatores em comum entre essas situações (pessoas, lugares ou coisas)?

3. Há situações em que parece consistentemente impossível dizer *não* ou estabelecer limites?

4. Que tipo de apoio ajudou você no passado, quando precisava e queria dizer *não*, mas hesitava em se posicionar?

HABILIDADES PARA ESTABELECER LIMITES

Nesta seção, apresento quatro habilidades críticas para definir limites. Comece pequeno, abordando uma por vez, para conseguir trabalhar o músculo. Quando chegar aos fatores de estresse e às transições na sua vida, volte a esta seção — você pode encontrar novos aspectos a serem trabalhados.

DEIXE A CULPA EM SEGUNDO PLANO

Minha paciente Tonya, de 39 anos, acabara de ter sua primeira filha em plena pandemia e estava enfrentando dificuldades com familiares que queriam "ajudar". Tonya e seu marido eram de famílias judias próximas que estavam focadas em passar tempo de qualidade com a criança recém-chegada. Como a bebê nascera com problemas de saúde, a recomendação médica era de, por precaução, por pelo menos dois meses não receber visitas que precisassem pegar avião.

Tonya não tinha nenhuma dúvida quanto ao que queria fazer — seguir a recomendação médica. A questão era se daria permissão a si mesma de comunicar aquele limite. "Posso tolerar a culpa que vai vir em seguida?", ela se perguntava. Sabia que a sogra estava louca para ver a primeira neta e, dado o estado de saúde do sogro, Tonya sabia que não tinham todo o tempo do mundo. Se dissesse *não*, mergulharia na culpa. Contribuíam para a sensação as normas culturais judaicas e sua dinâmica familiar, por isso ela não sabia o que fazer.

Com frequência, vejo mulheres em conflito com sua própria culpa, tal qual aconteceu com Tonya. Encarar a culpa exige aceitar o fato de que não podemos controlar as emoções dos outros e não somos responsáveis por elas. Para dizer *não* de maneira eficaz, é preciso aprender a suportar a decepção dos outros e confiar que não há uma falha moral da nossa parte. Como muitas de nós não desenvolveram esse músculo ao crescer, não é incomum que seja desconfortável começar a estabelecer limites quando adultas.

Grande parte do sofrimento que presencio no meu atendimento vem de mulheres tentando "se livrar" da culpa, ou evitá-la. Elas veem a culpa como um sinal vermelho gigantesco que as obriga a largar tudo e a se dedicar a fazê-

-la desaparecer. Não funciona. Ao tentar evitar a culpa ou lutar para não se sentir assim, você continua dialogando com ela e permitindo que ela (ou a falta dela) a controle. O objetivo não é deixar de se sentir culpada, e sim diminuir o volume da culpa e não permitir que ela controle suas decisões. Isso implica ver a culpa não como um sinal vermelho gigante, mas como a luz do motor que se acende — algo que, apesar de estar sempre ali, opera em segundo plano. Você não quer que consuma energia demais, tampouco precisa sair correndo para a mecânica, em pânico. Significa *alguma coisa*, claro, mas não é o fim do mundo.

Em outras palavras, a culpa não precisa ser sua bússola. Pode ser apenas uma sensação em segundo plano enquanto aprendemos a reenquadrar o desconforto como um sinal de que estamos assumindo a responsabilidade por nossas emoções. Como discutimos na Parte I, a culpa meio que está sempre lá. Vem de dentro de nós, das expectativas contraditórias que são lançadas sobre nós, mulheres, por parte de uma cultura que nos pede para servir aos outros sem deixar nenhum espaço para nós mesmas. Essa sensação de culpa crônica é a forma como as mulheres se põem de lado e minimizam seus pensamentos e sentimentos.

Quando Tonya se sentiu culpada por dar limites aos sogros, foi fisgada pela culpa. Sua mente interpretou que aquilo significava que ela estava errada por expressar seu desejo. Em nosso trabalho terapêutico, Tonya conseguiu criar espaço em meio a seu sentimento de culpa usando a "desfusão cognitiva", uma estratégia prática da terapia de aceitação e compromisso que promove a flexibilidade psicológica. Por sua vez, "flexibilidade psicológica" é um termo clínico que descreve a capacidade de desenvolver uma relação curiosa e ilimitada com nossos pensamentos e sentimentos. Quando a pessoa tem flexibilidade psicológica, reconhece que nenhum pensamento ou sentimento isolado é a verdade absoluta. A desfusão cognitiva é uma técnica específica para construir flexibilidade psicológica. Em vez de partir de nossos pensamentos, praticamos olhar para eles. Em sua essência, a desfusão cognitiva (e, por sua vez, a flexibilidade psicológica) é um processo de criar espaço entre nós e nossos pensamentos e sentimentos, para que tenham menos poder sobre nós. É como ficar vendo o mar, em vez de ser puxado pela corrente. Em vez de confundir culpa com um julgamento moral de nosso caráter, podemos reconhecê-la pelo que é: um sintoma de falhas sistêmicas.

DESFUSÃO COGNITIVA: ESTRATÉGIAS RÁPIDAS

Assim como podemos estabelecer limites com pessoas e situações, também podemos estabelecer limites com nossa mente (por exemplo, entre nossos pensamentos e sentimentos). Dessa forma, nos distanciamos da sensação de culpa que nos sufoca. Como discutimos, a desfusão cognitiva é uma estratégia que nos separa da mente de modo efetivo. Praticando os exercícios abaixo, todos da terapia de aceitação e compromisso, com o tempo você gastará menos energia lutando contra o sentimento de culpa e passará a se sentir mais confiante ao definir limites.

Eis algumas maneiras de praticar a desfusão cognitiva:

VISUALIZE UMA ESTEIRA DE SUSHI

O objetivo não é se livrar da culpa, mas sim aprender a coexistir com ela. O dr. Russ Harris, professor de terapia de aceitação e compromisso, sugere a metáfora da esteira de sushi para quem está começando a praticar desfusão cognitiva. Imagine que você está em um restaurante japonês, do tipo em que os sushis circulam em uma esteira, com o chef do outro lado. Nessa metáfora, o chef é seu cérebro e as peças de sushi são pensamentos, sentimentos, lembranças e ideias que passam pela sua cabeça o dia todo. Quando você é fisgado por um pensamento, é como se pegasse um sushi — ou desligasse a esteira e empurrasse a peça para longe. O que a desfusão cognitiva sugere é que você só observe os sushis passando à sua frente, sem pegar nem afastar nenhum.

CONSIDERE O QUE FUNCIONA

Em vez de focar no *conteúdo* do pensamento, concentre-se na *função*. Aonde a culpa pode levar você, no longo prazo? Quando você alimenta a culpa ou toma decisões para evitá-la, como isso afeta seus relacionamentos? Você se sente melhor quanto ao trabalho ou à vida em família quando permite que a culpa assuma o controle?

REPITA UMA FRASE PARA SI MESMA

Quando você se deixa levar pela culpa ou fica em dúvida após estabelecer um limite, procure colocar "minha mente está me dizendo" antes de cada pensamento. Diga a si mesma: "É só a minha mente outra vez, me dizendo o que pensar e sentir". Essa prática simples inclui certa distância entre você e seus pensamentos e serve para baixar o volume da culpa.

IMAGINE COMO SERIA

Outra estratégia para se distanciar de pensamentos difíceis é lhes dar uma forma em sua mente. Quando você

> sentir a culpa espreitando, pare e pergunte a si mesma: Que cara tem a culpa? É uma cor? Soa como alguém que você conhece? É uma sensação em seu corpo? Para mim, a culpa assume diferentes formas: pode aparecer como uma nuvem ou uma sensação de estômago revirado. Destacar e nomear essas formas tira parte do poder dos pensamentos de culpa. Focar na forma e na localização da culpa ajuda a separar o pensamento de você.

Quando Tonya começou a se sentir menos angustiada em relação à culpa, adotando a compreensão e a prática da desfusão cognitiva, ela foi capaz de comunicar limites claros para a família e pediu que adiassem a visita por alguns meses. Quando a culpa bateu forte — e bateu mesmo, em relação não só aos sogros, mas aos próprios pais —, procuramos reenquadrá-la como um sentimento que simplesmente estava ali, em segundo plano — a luz acesa para verificar o motor —, mas não era nada demais.

Tonya sabia que estava fazendo a melhor escolha por si mesma e sua família. Mais tarde naquele ano, quando a filha estava doente e os pais apareceram na casa dela (sem ter sido convidados e sem avisar), Tonya conseguiu lhes pedir para ir embora na mesma hora e recusou o pedido de acordar a bebê antes de irem embora. Consideramos isso uma vitória e um resultado direto de Tonya se sentir mais confortável tolerando a culpa. Com o tempo, ela conseguiu reconhecer que o sentimento de culpa não era um julgamento moral, e sim a internalização de uma vida inteira de condicionamento para servir a todos em detrimento de si mesma.

SILENCIE OS ESTRAGA-PRAZERES

Quando tiver domado o monstro da culpa, o próximo passo para estabelecer limites é reconhecer como outras pessoas na sua vida podem estar influenciando suas decisões. Podem ser familiares, amigos, colegas — até mesmo um líder religioso ou uma professora especial da escola a quem você quer desesperadamente impressionar. Eu me refiro a esse grupo de pessoas cuja opinião ocupa um espaço desproporcional em nossa mente como "estraga-prazeres".

Eu mesma sofro com isso. Por fazer parte de uma família que emigrou do Sul da Ásia, a pergunta "O que as pessoas vão dizer?" se enraizou na minha mente quando eu ainda era bem nova. Foi só quando me tornei psiquiatra que compreendi como minha obsessão por controlar a maneira como os outros me veem estava relacionada à minha imposição de limites.

Aos vinte e poucos anos, eu me vi em uma circunstância pela qual muitas mulheres passam: todas as minhas amigas mais próximas estavam ficando noivas e começando a planejar o casamento. Eu estava em um relacionamento e sentia uma pressão enorme da minha família para acelerar as coisas e me estabilizar. Ao mesmo tempo, eu estava planejando uma mudança para o outro lado do país para começar minha residência em psiquiatria. Quando falei com meus pais sobre a possibilidade de morar com meu namorado sem ficar noiva, a resposta foi: "Mas o que as pessoas vão dizer?". Com "as pessoas", meus pais queriam dizer seus amigos que tinham vindo do Sul da Ásia e nossa família imediata, assim como nossos parentes na Índia.

Não posso culpar meus pais por tudo o que aconteceu depois. Eu mesma estava louca para seguir os passos das minhas amigas. Não queria ficar para trás e achava custoso demais estabelecer aquele limite com minha família. Amava meu namorado e não queria perdê-lo, não queria abrir mão de nosso futuro juntos. Por isso, nós nos casamos. Esse capítulo da minha vida, no entanto, terminou em divórcio e em muita dor e muito trauma para diversas pessoas importantes para mim.

Em retrospectiva, não é difícil enxergar que definir um limite implicaria um custo na forma de capital social — mas esse custo não seria tão alto quanto eu julgava. Foi por medo das consequências sociais que não me impus com a urgência que poderia. O problema dessa mentalidade é que, quanto mais você fica no relacionamento, ou no emprego, ou em uma situação que não está funcionando, maior vai ser o custo emocional quando você finalmente estabelecer um limite.

Esse exemplo pessoal é a versão extrema de se preocupar com o que as pessoas vão falar, e devo dizer que me envergonho um pouco do que aconteceu. Para ser justa, minha dificuldade em dar limites não foi o único fator a desempenhar um papel naquele momento. Passei anos na terapia analisando os fatores que afetaram aquela época da minha vida e por que tomei aquelas decisões. Estou contando essa história porque não é incomum que minhas pacientes contem histórias parecidas — situações em que os riscos eram altos e que as deixavam constrangidas por terem agido por medo. Não é porque sou psiquiatra que estou imune a esse tipo de armadilha.

Como mulher, somos ensinadas que os outros sempre sabem mais que nós e que não devemos confiar em nossa intuição. Também somos ensinadas a nos preocupar mais com a reação negativa que nossas decisões provocarão do que a considerar os possíveis riscos de uma traição a nós mesmas.

Quando reflito sobre aquele momento da minha vida, fico impressionada com a intensidade do meu medo e da minha insegurança. Tive receio de destoar do grupo e de perder alguém que amava. No fim, as duas coisas que eu mais temia aconteceram. Em retrospectiva, minhas escolhas da época não eram erradas para mim. No entanto, como evitei definir limites mais firmes desde o começo, foi um período muito mais doloroso e emocionalmente custoso do que teria sido tanto para mim como para as pessoas com quem eu me importava.

Infelizmente para mim, minha experiência com o divórcio não me fez estabelecer limites de imediato. (Nunca fui acusada de aprender rápido quando se trata do autocuidado de verdade!) Minha vida seguiu uma direção radicalmente diferente, e passei dois anos experimentando um novo estilo de vida, explorando minha sexualidade e espiritualidade, e tentando compreender o que eu queria para mim mesma fora do alcance dos meus pais conservadores do Sul da Ásia e longe de um sistema de formação médica bastante rígido. Como contei na Parte I, aprendi algumas lições duras. Por um lado, dei limites bastante firmes a minha família, pela primeira vez na vida, e me conectei com o que *eu* queria. Por outro, mergulhei de cabeça em um grupo muito exigente no qual não havia limites, porque eu estava convencida de que tinha encontrado a solução — a prática de autocuidado definitiva. Estava procurando desesperadamente por pertencimento e aceitação, e transferi meu rol de colegas, amigos e familiares para um grupo new age de San Francisco.

No período difícil depois que deixei o grupo, com a sabedoria que só pode vir da experiência, finalmente compreendi algo que deveria ter compreendido bem antes: não há atalhos no processo de estabelecer e conhecer seus próprios limites. Quanto mais tempo você permite que o medo do julgamento ou da reação dos outros dite suas decisões, mais devastadora é a destruição no longo prazo. É por isso que os limites são a base do autocuidado de verdade.

Talvez você não esteja em situações com riscos tão altos. Talvez para você seja apenas uma questão de voltar atrás em uma viagem de família ou ser vista como uma pessoa "difícil" em seu círculo social. Mas seu medo de definir limites provavelmente é similar ao que experimentei quando tinha meus vinte e poucos anos. Quem não desenvolve esse músculo, quem não decepciona os outros nas pequenas coisas, não cria casca grossa para o julgamento que poderá vir a encarar e acaba traindo a si mesma quando está diante de coisas importantes. Talvez você se pegue seguindo adiante com um relacionamento ou uma carreira que não são saudáveis para você.

Então como deixar de lado a preocupação com o que os estraga-prazeres vão dizer? Em primeiro lugar, tenha cuidado com quem escolhe escutar quando se trata de limites. Há uma máxima na psicoterapia: *Não vá à loja de ferragens atrás de leite*. Quando se trata de estabelecer limites saudáveis, isso significa que, ao estabelecer limites, você deve tomar cuidado para não buscar aprovação de alguém que não tem como dá-la a você. Embora seja da natureza humana procurar confirmação, às vezes não temos como encontrar isso nem nas pessoas mais próximas — talvez por causa dos padrões que elas aprenderam na infância ou talvez pela inabilidade de controlar a ansiedade. Na hora de tomar uma decisão difícil, em vez de procurar externamente o que quer que seja, é fundamental prestar atenção a suas próprias necessidades e preferências.

Em seu livro *Defina limites e encontre a paz: Um guia para encontrar a si mesmo*, a autora e terapeuta Nedra Glover Tawwab diz: "Seus limites são um reflexo do quanto você está disposto a lutar pela vida que quer".[1] Ela afirma que os limites não fazem parte do senso comum, trata-se de algo a ser ensinado. Uma habilidade essencial para definir limites é separar suas necessidades e preferências da opinião de outras pessoas, por mais envolvimento que elas tenham em sua vida.

Depois de se distanciar da opinião e do julgamento dos outros, experimente "coletar dados": como seu corpo lida com diferentes atividades, relacionamentos e situações? E procure reconhecer padrões. Por um lado, que pessoas, atividades e situações levam você a se sentir mais leve e expansiva? Que situações ou experiências te dão mais energia? Esses sinais físicos indicam que seu corpo está dizendo *sim*. Por outro lado, que pessoas, atividades e situações deixam seu corpo tenso e provocam uma sensação de medo, palpitação e até náusea? Isso é seu corpo dizendo *não*. Quando alguém lhe pede alguma coisa e você não tem nenhuma dessas reações físicas, é um sinal de que deve fazer perguntas como "Qual é o prazo do projeto?" ou "Quem mais vai?". Esclareça tudo e preste atenção em como seu corpo se sente enquanto você recebe as respostas. Depois, você pode dizer *sim* ou *não*, conforme a informação que obtiver.

Em última análise, o medo de estabelecer limites — esse medo compreensível, que todas nós sentimos — depende se é emocionalmente seguro expressar nossa verdade ou se seremos rejeitados. Dependendo do tipo de família em que você cresceu, esse medo pode ser maior. Minhas pacientes que cresceram em ambientes críticos têm mais dificuldade de se sentir seguras em estabelecer limites nos relacionamentos. Isso porque às vezes pode parecer que dizer *não* ou afirmar sua preferência vai causar uma ruptura. E a verdade é que, em relacionamentos que não são saudáveis, essa ruptura acontece mesmo.

Famílias com casos de vício ou trauma não costumam definir limites. Nesses sistemas, em geral há uma pessoa, seja a dependente ou a abusadora, que dita como o grupo reage. Familiares que procuram estabelecer limites são julgados, criticados ou até sofrerão abuso.[2]

Componentes culturais também entram em jogo, e eu experimentei isso na pele por minha origem sul-asiática. Famílias de imigrantes podem se recusar a estabelecer limites porque culturas não ocidentais tendem a adotar uma mentalidade mais comunal em relação à tomada de decisões. Se você cresceu em uma família cujos adultos nunca conversavam abertamente sobre suas escolhas e cuja expectativa era de que cada membro concordasse com as necessidades do grupo, pode ter maior dificuldade de fazer essas escolhas por si mesma agora.

Relacionamentos adultos saudáveis devem ser capazes de acomodar as necessidades e preferências de cada um. Em um relacionamento saudável — seja entre duas pessoas envolvidas romanticamente, entre dois familiares ou dois colegas de trabalho —, limites são uma maneira de colocar mais de si mesmo nesse relacionamento, conforme as necessidades e preferências pessoais são expressas. No capítulo 7, vamos ver como identificar seus valores, que você pode usar para guiar suas decisões no lugar da culpa e da opinião dos outros.

PARA TREINAR: DEVOLVA O EU AO AUTOCUIDADO

O modo como os outros reagem a nossas decisões quando estabelecemos limites ou negociamos é um teste de Rorschach poderoso. O teste de Rorschach é uma ferramenta freudiana das antigas, que psiquiatras e psicólogos usavam para analisar traços de personalidade dos pacientes. Basicamente, a maneira como uma pessoa reage aos limites que você estabelece indica mais sobre *ela* que sobre você. Quando perceber sua atenção concentrada no que os estraga-prazeres pensam e querem, em vez de voltada ao que *você* pensa e quer, esse exercício vai ajudar a reconsiderar o mantra "O que as pessoas vão pensar?".

1. Lembre da última vez que você quis dizer *não* a um pedido ou sentiu que precisava esclarecer alguns pontos antes de dar uma resposta, mas ficou preocupada com o modo como suas perguntas seriam recebidas.

2. Agora visualize as pessoas que ficariam chateadas com você, e em vez de focar nos sentimentos negativos delas reflita no que essa reação diz sobre aquelas pessoas, sobre a visão de mundo delas, o papel que você desempenha na vida delas e as expectativas tácitas.

Visualizar essas reações e refletir sobre o que elas lhe dizem sobre as pessoas em questão é uma maneira poderosa de se lembrar de que, nas interações, os outros sempre trazem sua própria opinião e experiência de vida. Mudar o foco para sua história única e para o contexto lhe dá mais espaço para tomar decisões que funcionam para você.

CONHEÇA SUAS TRÊS ESCOLHAS

Estabelecer limites saudáveis não é apenas uma questão de aprender a dizer *não*. Também envolve fazer pedidos claros e concisos aos outros, o que é mais um componente-

-chave do autocuidado de verdade. Em todas as situações, você tem três escolhas: pode dizer *sim*, pode dizer *não* ou pode negociar. Essa estrutura de tomada de decisão se baseia em um aspecto do qual tratamos antes: seu limite está na pausa. Quando você se reserva um tempo para considerar todas as opções e reflete sobre os potenciais riscos e benefícios de dizer *sim* ou *não*, está impondo um limite. A terceira opção — negociar — implica fazer perguntas, reunir informações e fazer pedidos antes de dizer *sim* ou *não*.

Para minha paciente Tonya, já mencionada neste capítulo, a negociação se mostrou necessária na hora de planejar uma viagem de verão. Fazia cinco anos que a família de seu companheiro alugava uma casa à beira de um lago próximo e passava duas semanas andando de barco, pescando e praticando esportes ao ar livre. Naquele verão em particular, fazia dois meses que Tonya havia parido, e o casal tinha outra criança que já andava e era muito ativa. A família do marido estava contando que tudo fosse continuar como nos anos anteriores.

Como vinha trabalhando ativamente no autocuidado de verdade, Tonya reconheceu que tinha escolhas. Por um lado, dirigir três horas com um bebê de dois meses parecia assustador. Além disso, ela se preocupava se era seguro para sua filha mais velha praticar esportes aquáticos e não sabia que atividades seriam oferecidas dessa vez. Por outro lado, gostava de passar o verão no lago e sabia que seria um alívio ter mais gente para ajudar com o bebê. Em vez de concordar na mesma hora, como teria feito antes, Tonya disse à sogra que pensaria a respeito. Ela fez perguntas sobre a viagem, incluindo quanto espaço haveria, como dormiriam e as precauções de segurança da casa alugada. Por fim, Tonya e o marido decidiram passar apenas uma semana lá, em vez de duas, e Tonya ficou orgulhosa da forma como lidou com a situação.

Minha paciente Angela, mencionada no início do capítulo, também abraçou a arte da negociação em seu relacionamento. Em nosso trabalho terapêutico, notamos que ela tinha o hábito de logo atender aos pedidos do namorado, mesmo que em detrimento de coisas importantes para si mesma — como seu desempenho no mestrado. Apesar de morarem juntos e trabalharem em período integral, Angela hesitava em delegar tarefas domésticas ao namorado.

Certo dia, em uma consulta, enquanto falávamos sobre como ela evitava negociar a divisão de tarefas, Angela comentou: "Sinceramente, não é mais fácil fazer tudo sozinha? Dizer *não* ou negociar é um trabalho que parece mais um fardo sobre os meus ombros. Estou cansada de lidar com as reações negativas de todo mundo na minha vida".

Angela tinha razão. Nem sempre obtivera sucesso em suas tentativas de fazer o namorado assumir tarefas domésticas. Aquilo sem dúvida exigia mais trabalho da parte dela também.

Embora os limites em si não possam ser criados por mais de uma pessoa, o trabalho de comunicá-los e chegar a uma solução envolve uma. E exige um trabalho invisível que recai sobre os ombros das mulheres. Além de dar mais trabalho, negociar mexe com o emocional — é preciso esperar para ver se a outra pessoa vai concordar e é preciso acreditar que seus pedidos são razoáveis, ainda que haja reação negativa do outro lado.

No entanto, quando estabelecemos limites treinamos as pessoas ao redor a se relacionarem conosco considerando nossas palavras, decisões e ações. Quando verbalizamos um limite claro, ajudamos os outros a compreender como esperamos que se comportem, e no longo prazo isso *poupa* tempo. Eve Rodsky, autora de O *método Fair Play para divisão de tarefas domésticas*, descreve o que ela chama de "ideia tóxica do tempo: de que poupo tempo fazendo as coisas eu mesma".[3] A autora explica que é comum que as mulheres, que suportam a pesada carga mental do gerenciamento da casa, pensem de maneira equivocada que é melhor e mais fácil fazer tarefas pequenas, porque os homens seriam menos eficientes e nunca fariam as coisas direito. O que essas mulheres não calculam é o ressentimento e a raiva que se acumulam ao longo dos anos fazendo tudo, porque "é melhor e mais rápido". No curto prazo, pode parecer mais fácil fazer tudo, mas quando se trata de limites precisamos pensar no longo prazo. O objetivo é um sistema que opera através do trabalho de vários adultos — e não só você.

Com o tempo, Angela conseguiu reconhecer como sua busca por conveniência e sua impaciência com a metodologia do namorado (ou a falta de uma) para limpar a cozinha a faziam focar no curto prazo, em vez de pensar nas implicações para o relacionamento. Angela também aprendeu a tolerar a incerteza envolvida na espera até que ele comprasse papel higiênico, em vez de ela mesma trazer alguns rolos do mercado. Juntos, os dois conseguiram lidar com a divisão das tarefas domésticas, o que acabou fazendo com que Angela se sentisse melhor em seguir adiante com o relacionamento.

COMUNIQUE CLARAMENTE SEUS LIMITES

Depois que você começa a trabalhar com o que atrapalha a definição de limites, também pode começar a comunicar suas escolhas a amigos, familiares e colegas. Meu conselho aqui é começar pequeno, escolhendo situações de baixo risco. Pode ser útil usar modelos de início, por isso incluí alguns aqui, além de dicas de comunicação que podem ser usadas como guia.

Seja clara

Não use uma linguagem rebuscada para estabelecer um limite. É melhor ser direta e firme. Por exemplo, em vez de "Eu estava pensando se você ainda precisa daquele relatório do cliente até o fim da semana", diga "Qual é a prioridade: o relatório do cliente ou o relatório de gastos? Não vou conseguir concluir ambos até sexta-feira. Em qual devo me concentrar?".

Não peça permissão

Limites não são uma criação coletiva. Lembre-se de que é você quem está tomando a decisão e que a outra pessoa tem o direito de reagir. Você pode deixar claro que foi uma escolha difícil e que pensou bastante a respeito, mas não deve pedir permissão. Em vez de dizer "Podemos falar depois?", diga "Não posso falar esse fim de semana, ligo para você na semana que vem".

Tente não se explicar demais

É útil ser concisa ao expressar um limite — pode ser começando com um claro "Receio que isso não vá funcionar para mim" ou pedindo mais informações ("Quando precisa ter isso de volta?"). Quando você se demora tentando explicar sua decisão, pode parecer que está pedindo permissão.

Tudo bem mandar um e-mail se precisar

Se você perceber que volta atrás com facilidade em conversas telefônicas e que mensagens de texto acabam levando a trocas acaloradas, um e-mail pode ser uma boa opção. Assim você tem tempo de organizar seus pensamentos e a outra parte tende a enviar uma resposta mais comedida.

A seguir, apresento alguns dos meus modelos preferidos para dizer *não* e para fazer pedidos. Considero uma semana produtiva quando uso um deles pelo menos três vezes.

"Que pena, mas não consigo, estou cheia de coisa. Por que não voltamos a falar a respeito no mês que vem?"

"Obrigada por ter pensado em mim, mas, no momento, estou priorizando _____. Talvez seja uma opção no ano que vem."

"Minha agenda mudou. Podemos remarcar a reunião para _____, por favor?"

"Preciso da sua ajuda com _____. Pode chegar em casa hoje às _____, por favor?"

"Não, não posso falar agora."

"Notei que _____ não está funcionando. Vamos marcar uma hora para falar sobre isso?"

Dependendo da cultura da qual você vem e até da região do país em que mora, pode precisar adaptar essas estruturas de acordo com suas necessidades. Se você vem de uma cultura que valoriza o comunitário e a interdependência, pode ser mais difícil estabelecer limites. Nessas circunstâncias, talvez seja útil fazer terapia com alguém familiarizado com sua cultura e que possa ajudar a considerar as implicações de estabelecer limites. Incluí no apêndice algumas informações para buscar ajuda profissional.

> **COMO BUSCAR AJUDA PROFISSIONAL**
>
> A depressão clínica e a ansiedade dificultam na hora de estabelecer limites efetivos com pessoas próximas. Essas condições afetam a capacidade do cérebro de lidar com emoções difíceis. Assim, alguém com um transtorno depressivo importante vai sentir e internalizar a culpa em relação à família de maneira mais intensa que alguém sem um transtorno depressivo importante. E alguém com ansiedade clínica — como transtorno de ansiedade generalizada ou transtorno obsessivo-compulsivo — vai ter mais dificuldade de abrir mão do controle. Se você não consegue estabelecer limites ou se perceber que está sempre voltando atrás — e notar que existe um padrão nessas situações —, pode ser fundamental procurar um profissional de saúde mental.
>
> Como mencionei antes, a relação entre autocuidado de verdade e condições clínicas de saúde mental é um pouco como a relação entre o ovo e a galinha. Por um lado, ter uma condição clínica de saúde mental torna mais difícil praticar autocuidado de verdade, porque seu sistema nervoso não está funcionando da melhor forma e fica mais difícil lidar com reações negativas dos familiares e amigos. Por outro lado, se você é alguém que lida com uma condição de saúde mental, pode usar a prática do autocuidado de verdade como uma espécie de ba-

rômetro. Se estiver conseguindo estabelecer limites e lidar de maneira eficiente com a culpa, isso pode ser um indicativo de que está indo bem. Se a definição de limites foi abandonada e você tem passado mais tempo remoendo a culpa, pode ser um sinal de que sua saúde mental está piorando.

As seguintes situações indicam que você se beneficiaria de se consultar com um profissional de saúde mental:

- As reações negativas que recebe de familiares e amigos a deixam no fundo do poço. Você às vezes pensa que seria melhor não existir ou que não vale a pena viver — o que afeta seu funcionamento. Você falta no trabalho porque não consegue se levantar da cama.
- Você evita tanto estabelecer limites que vive em um mal-estar constante, a ponto de ter ataques de pânico ou crises de extrema ansiedade.
- Você se vê impedindo outras pessoas de ajudá-la com tarefas, sejam pequenas ou grandes. Tem muita dificuldade em ver alguém fazer alguma coisa sem seguir suas especificações precisas. Sua incapacidade de aceitar ajuda ou delegar tarefas causou problemas em seus relacionamentos ou levou a sintomas de uma condição de saúde mental.
- Com frequência, você se pega procurando reafirmação ou aprovação de pessoas que não podem lhe oferecer isso, e fica chateada quando os conselhos delas parecem críticos ou pesados.
- Para você é impossível separar as pessoas, situações e atividades de que gosta e as pessoas, situações e atividades que teme.

A essa altura, espero que já tenha entendido que estabelecer limites é como começar a trabalhar um grupo de músculos novo. Pode ser desconfortável a princípio, mas com o treino você vai ganhando força e fica mais fácil. Recomendo começar pequeno e abrir mão de tarefas simples — talvez reprogramando algo no seu calendário ou deixando de ir a um evento social. Assim, você vai ver que até uma pequena mudança tem um grande efeito. Cultive flexibilidade psicológica, reconheça os custos de focar "no que as pessoas vão pensar" e faça perguntas e pedidos. Com o tempo, você vai descobrir que pode ser mais fácil tomar decisões difíceis. Cada limite que você impõe é um lembrete de que controla seu tempo e sua energia.

PARECE ÓTIMO, MAS...

Talvez tudo o que eu tenha apresentado neste capítulo pareça ótimo na teoria, mas você ainda esteja insegura sobre como pôr em prática. Em todos os capítulos daqui por diante, a seção "Parece ótimo, mas..." vai abordar questões que costumam ser comuns e maneiras de lidar com situações complicadas.

Eu adoraria poder dizer não *a algumas das minhas responsabilidades, mas sou a principal provedora da minha família, tenho um filho com deficiência e meus pais dependem do meu apoio social e financeiro. Não sinto que tenha a opção de dizer* não *ou de negociar. Literalmente tudo o que tenho para fazer parece crítico, e se eu deixar a bola cair uma vez as pessoas que amo (meu filho, meus pais) vão sofrer.*

Uma vez, perguntaram à autora Nora Roberts como ela conseguia dar conta do trabalho, da vida familiar, da própria saúde mental etc., fazendo malabarismos para manter uns cinco zilhões de bolas no ar ao mesmo tempo. Nora respondeu que a chave de se manter à tona era identificar quais bolas eram de borracha e quais eram de vidro. Algumas iam acabar caindo, então era preciso garantir que fossem as de borracha. É uma ótima resposta, mas leva a outra questão: e quando parece que todas as bolas são de vidro?

Se você se encontrar em uma situação impossível como essa, tenha em mente o seguinte: você pode ficar com raiva, pode ficar furiosa com o sistema. Sentir essa raiva é importante e ajuda muito a ter pessoas do seu lado que validem essa raiva. Nosso sistema não é justo, principalmente para uma mulher que cumpre o papel de cuidadora. (Tenho muito mais a dizer sobre canalizar a raiva no capítulo 6.)

O próximo passo é descobrir se, na situação impossível que você vive, há pequenos espaços para abrir mão de algo que tenha consequências menos graves. E será que alguma das bolas que parecem ser de vidro na verdade é de borracha? Para fazer essa avaliação, será preciso reservar um momento em que seu sistema nervoso não esteja em modo pânico. (Quando você está em modo pânico, tudo parece terrível e fica impossível determinar racionalmente se uma bola é de vidro ou de borracha.) Nesse espaço tranquilo, reflita de maneira sincera e realista se o ritmo que você segue é sustentável. Como acha que vai estar sua vida daqui a três meses, ou daqui a seis meses, se deixar algumas bolas caírem? Por exemplo, se um familiar fica doente e precisa de sua ajuda quando a data de entrega de um trabalho está se esgotando, você pode explicar sua situação à chefia e verificar se há flexibilidade no prazo? Ou, em vez de levar em conta as preferências de cada parente ao preparar um jantar de fim de ano, você poderia estabelecer um limite, ou seja, quanto tempo e energia vai gastar na preparação, independentemente dos desejos dos estraga-prazeres?

Quando dão um passo atrás e se permitem pensar no futuro, minhas pacientes, em sua maioria, reconhecem que algo precisa mudar. Andar sempre a mais de trezentos quilômetros por hora e/ou ser a cuidadora de seus entes queridos enquanto sua própria saúde se deteriora não pode ser uma solução sustentável ou de longo prazo. Como discutimos, a chave para a mudança são os pequenos passos. Experimente começar com coisas mínimas e veja como se sente. Pode ser útil se sentar com uma amiga de confiança, listar tudo o que você faz diariamente e trocar ideias sobre tarefas que podem ser deixadas de lado ou maneiras de facilitar as coisas. Mesmo quando — para ser sincera, *especialmente* quando — a saúde e o bem-estar de seus dependentes recaem sobre seus ombros, você precisa de tempo para si mesma. Pegando emprestada a metáfora de Nora, se não deixar algumas das bolas de borracha caírem de vez em quando, as bolas de vidro vão começar a cair.

Sou uma mulher negra, e meu trabalho oferece benefícios para toda a família. Se eu perdesse esse emprego, o impacto seria devastador. Esperam que eu faça muito do trabalho invisível do escritório, como coordenar as agendas e organizar festas de aniversário, muito mais do que meus colegas brancos. Sinto um ressentimento profundo em relação a esse trabalho não remunerado. Mas se impuser limites tenho medo de que usem o estereótipo da negra raivosa contra mim e me mandem embora. Como definir limites quando os riscos são tão altos para mim e minha família?

Falei com minha amiga e colega Kali Cyrus, psiquiatra e especialista em gerenciamento de conflitos decorrentes de diversidade e diferença. Mulher negra e queer, Cyrus lidou pessoalmente com racismo e discriminação declarados, e com microagressões no ambiente de trabalho. Ela ajuda os pacientes a se situarem em sistemas nos quais seu trabalho e sua humanidade não são valorizados.

Para muitas mulheres, especialmente mulheres negras e aquelas que vivem na pobreza, é tênue a linha entre nadar e afundar. "Mas e se, em algumas situações, houver uma oportunidade no limiar entre nadar e afundar?", pergunta Cyrus. "É quase como se a injustiça fosse tão clara que, em vez de só causar raiva e impotência, traz uma sensação de empoderamento. Você acaba confrontando a chefia, ou escrevendo aquele e-mail, ou erguendo sua voz." Em outras palavras, às vezes em um ambiente tóxico o trabalho emocional a ser feito para manter o status quo é tamanho que a escala se altera, e você se percebe pronta para reagir, apesar dos custos que podem advir.

Nessas situações, a melhor maneira de avaliar os riscos envolvidos em estabelecer limites é dizer *não* para uma tarefa pequena e depois monitorar os resultados de perto. Em paralelo, você pode bolar um plano caso sua imposição de limites leve a consequências adversas — isso pode significar arrumar seu currículo ou começar a conversar com colegas do mercado. Se por conta de um limite mínimo você recebe uma repreensão, trata-se de um indicativo importante de que no longo prazo talvez não seja saudável manter esse arranjo.

Adoro a ideia de estabelecer limites, mas já me comprometi com coisas demais. Pessoas dependem de mim, e não quero decepcioná--las. Sei que posso dizer não *a coisas novas, mas voltar atrás nos compromissos assumidos não depõe contra mim?*

Entendo o que você quer dizer. É muito mais fácil dizer *não* para o que está por vir do que limpar a casa por dentro. Mas vou dividir com vocês um mantra que aprendi com a atriz Tabitha Brown: "A frase 'Mudei de ideia' não exige nenhum complemento". No mundo complicado em que vivemos, nossas situações estão constantemente mudando e se tornando mais complexas. Não é realista ou clemente esperar que nunca seja necessário fazer mudanças no que já foi combinado.

Recomendo manter um registro contínuo de suas atividades — pessoais, profissionais e familiares — e a cada três meses reavaliar quais itens agregam valor a sua vida e quais não cabem mais nela. No capítulo 7, vamos falar sobre identificação de valores e como isso ajuda a decidir a forma de gastar nosso tempo, portanto prossiga na leitura para mais orientações sobre essas tomadas de decisão.

Por ora, lembre-se de que você só pode desfrutar plenamente de coisas boas chegando a sua vida se abrir espaço se livrando de obrigações que não cabem mais. Talvez seja uma amizade que você superou ou um projeto pelo qual não está sendo remunerada. O que quer que seja, tudo bem dizer *não* — mesmo que tenha dito *sim* no passado.

CHECKLIST DOS LIMITES

- Seu limite está na pausa — você pode dizer *sim*, pode dizer *não* ou pode negociar.
- Quando comunicar seus limites, seja clara, concisa e não peça desculpa.
- A ideia de estabelecer um limite é comunicar o que você precisa no relacionamento, e não controlar a reação da outra pessoa.
- Não é porque você se sente culpada que fez a escolha errada. A culpa não deve ser sua bússola.
- Não vá à loja de ferragens atrás de leite (ou seja, não procure aprovação de alguém que não pode dá-la a você).
- Você tem o direito de mudar de ideia.
- Se você nunca definiu limites, é normal que se sinta desconfortável em fazer isso.
- Comece pequeno e desenvolva o músculo do limite com o tempo.

6. Autocuidado de verdade significa tratar a si mesma com compaixão
Permissão para ser suficientemente boa

> Lembrem-se de que o amor-próprio também é
> revolucionário e é capaz de mudar o mundo.
>
> Amanda Gorman

Alguns anos atrás, eu dava aula para um grupo de mães no puerpério, como apoio em saúde mental. Uma mãe que compareceu com a filha recém-nascida relatou que, até então, o puerpério evoluía bem. Ela estava gostando da maternidade mais do que esperava. Mas tinha uma dúvida para o grupo: haviam lhe oferecido duas semanas a mais de licença remunerada, e ela não sabia o que fazer. Se dissesse *sim*, deixaria mais trabalho para sua equipe já sobrecarregada, sem terem planejado antes, o que a faria se sentir culpada. Se dissesse *não*, perderia duas semanas preciosas com a filha, o que também a faria se sentir culpada. Perguntei-lhe se havia alguma solução, qualquer que fosse, que não acabaria em sofrimento. Isso chamou sua atenção. Nunca lhe ocorrera que, diante de uma oportunidade inesperada, sua mente havia criado uma narrativa que só poderia acabar com ela se sentindo mal.

As mulheres estão acostumadas a serem duras consigo mesmas. Em qualquer uma das opções, aquela mãe já havia decidido que ia falhar. Nem lhe passava pela cabeça a ideia de que ela própria era uma pessoa digna de confiança, com boa vontade e cheia de compaixão.

Como discutimos no capítulo anterior, aprender a definir limites e a lidar com a inevitável culpa que vem depois é a espinha dorsal do autocuidado de verdade. No entanto, o trabalho não termina aí. Na verdade, essa é a base para acessar o segundo princípio do autocuidado de verdade: tratar a si mesma com compaixão.

Primeiro, vamos deixar clara a definição de autocompaixão. Talvez você tenha noções preconcebidas do que isso significa, que podem ou não incluir fazer uma massagem em uma sala cheia de cristais ou algo do tipo "faça um mimo a você mesma". Talvez só de ouvir falar em autocompaixão você já queira sair correndo. Tenho que confessar que eu costumava ser desse tipo. Apesar de anos de terapia, a autocompaixão que eu imaginava sempre me parecera tola — como se eu tivesse que me convencer de algo e não acreditasse numa palavra do que dizia.

Mas há uma maneira diferente de encarar a autocompaixão: focar no relacionamento com a mente, com base na flexibilidade psicológica. É desse tipo de compaixão que estou falando aqui. Quando você luta contra um monólogo interno cruel, essa forma de compaixão é exatamente do que precisa.

Kristin Neff, uma das pesquisadoras mais proeminentes a dedicar-se à autocompaixão, a divide em três componentes:

1. Substituir o autojulgamento pela bondade consigo mesma.

2. Reconhecer sua humanidade compartilhada.

3. Ter curiosidade em relação a pensamentos negativos em vez de acreditar neles como verdade imediata (de novo, flexibilidade psicológica).

Neff também faz uma distinção clara entre autocompaixão e autoestima. Enquanto a autoestima melhora a defesa psicológica ao cultivar na pessoa um sentimento de consideração elevada por si mesma, a autocompaixão é um método para desenvolver clareza em relação a si mesma. Por exemplo, embora dizer "Sou a advogada mais jovem a se tornar sócia do escritório em que trabalho, então devo estar fazendo algo direito" possa contribuir para a autoestima de alguém, a autocompaixão nos pede para olhar para dentro e refletir sobre como estamos nos tratando. É mais como: "Senti medo ao conquistar a sociedade, mas fui gentil comigo mesma".

Pesquisas mostram que as pessoas que cultivam compaixão por si mesmas têm maior propensão a fazer mudanças positivas na vida, como ser assertivas em suas escolhas.[1] Um estudo com quase setecentas mães mostrou que mulheres com níveis maiores de compaixão por si mesmas tinham menos pensamentos negativos e uma visão menos crítica de si mesmas.[2] Parece um bom lugar a partir do qual praticar autocuidado de verdade, não?

O autocuidado de verdade exige tratar a si mesma com humanidade e estar em sintonia com suas necessidades e seus desejos. Assim, quando você pratica o autocuidado de verdade, a autocompaixão é a lente através da qual vê a si mesma. É uma questão de reconhecer suas deficiências ou perceber como a vida não atingiu suas expectativas, e de ser bondosa consigo mesma em vez de desistir da luta.

Considero bastante útil observar de perto a forma como falo comigo mesma se as coisas estão dando errado. Quando acabo me criticando, procuro substituir a linguagem dura e crítica por um pensamento mais bondoso e flexível. Chamo isso de dar limites a mim mesma. Essa é outra maneira de desenvolver a flexibilidade lógica, que discutimos no capítulo 5.

Enquanto eu escrevia este livro, a necessidade de autocompaixão se tornou central na minha vida, de um jeito potente e pessoal. Meu companheiro Justin e eu estávamos passando pelo processo de fertilização in vitro para começar uma família juntos. A reprodução assistida é um rolo compressor de consultas médicas, exames de sangue, medicações administradas por injeção em casa e calendários especificados minuto a minuto. Dizer que eu me sentia sobrecarregada era pouco. Notei que oscilava entre dois opostos. Ora acreditava que, ao verificar duas ou três vezes as doses de todos os medicamentos e ao controlar minhas consultas, estaria em minhas mãos o sucesso da fertilização e se conseguiríamos ou não ter um bebê. Por isso era melhor eu não estragar tudo. Ora reconhecia que eu era uma mulher de 37 anos cujo corpo e cujo sistema reprodutivo faria o possível, ou seja, se a ciência reprodutiva ia funcionar para mim e meu companheiro na verdade não estava em nossas mãos — precisávamos confiar na medicina, na equipe, no processo e em nós mesmos. Além de abraçar a dialética, eu também precisava desenvolver minha autocompaixão.

Para mim, isso significava estabelecer limites em relação à privação que seria capaz de suportar. Também pus um limite no que pesquisaria no Google e com quantos amigos e colegas falaria sobre a ciência da fertilização in vitro. Decidi não seguir as dietas extremas em prol da fertilidade, mas cortei cafeína e álcool (o que não foi nada divertido). Repetia para mim mesma: "Sou o suficiente" e "Estou fazendo o suficiente". Não tinha como controlar o resultado daquele processo, mas podia controlar a maneira como tratava a mim mesma — mental e fisicamente. Por mais que esse éthos da bondade consigo mesma vá contra minha personalidade, eu me forcei a ser gentil (ainda que a contragosto).

DOMANDO O MODO MÁRTIR

Antes de mergulhar nas ferramentas de como praticar a autocompaixão, há uma importante barreira a ser abordada: o modo mártir. Ele ocorre quando uma pessoa cuida de todo mundo e de tudo a sua volta, só para depois se esgotar por completo. Vimos isso com Mikaleh, que criava sozinha duas filhas e ainda cuidava do pai doente. Ela *se orgulhava* de se preocupar tanto com a família e de tudo o que fazia pelos familiares. Por um lado, ser mártir tem a ver com sofrer e destruir a si mesmo pelos outros — seja pelos filhos, pela família ou até pelos colegas de trabalho. Por outro lado, tem a ver com desfrutar do sacrifício e, paradoxalmente, garantir que sua pequenez seja vista. As mulheres recebem aprovação social por se sacrificar e se depreciarem cada vez mais. Há uma satisfação especial no modo mártir, que vem de salvar o dia e se sacrificar pelos outros.

Todas conhecemos pessoas assim (e talvez até tenhamos sido uma delas). São as que querem que você saiba quanto tempo passaram cozinhando — só para depois dispensar qualquer elogio. Ou as que parecem estar competindo para ver quem sofre mais — "Você trabalhou cinquenta horas na semana passada? E eu que guardo um saco de dormir debaixo da mesa para poder passar a noite no escritório?".

Surge assim a questão: que corrida é essa em que estamos e quem é a vencedora?

O problema é que, quando entramos no modo mártir, caímos em um padrão de comportamento sem primeiro estarmos dispostas a ter autocompaixão. *Acreditamos erroneamente que a compaixão vai vir de fora, se servirmos aos outros.*

Já aconteceu comigo, e vou dar um exemplo. Após cerca de um ano em tratamento, consegui engravidar. Isso por si só era uma boa notícia e um alívio, porque eu já havia sofrido um aborto espontâneo. Quando entrei no terceiro trimestre, no entanto, foi como se tivessem apertado um interruptor na minha mente — de repente, entrei no modo mártir com força total. Eu precisava preparar minhas pacientes para minha licença-maternidade, o prazo de entrega do meu livro estava chegando, minha empresa estava lançando um produto novo e em breve eu ainda teria que cuidar de um bebê! Notei que começava a ficar magoada. As outras pessoas sabiam tudo o que eu precisava fazer? Por que não vinham me ajudar?

Em uma ocasião, fui ríspida com minha equipe e a cofundadora da empresa me deu uma bronca (com carinho). Eu estava me tratando como uma mártir, o que era claro para todo mundo em volta. Reconheci o que estava acontecendo e, usando as ferramentas que compartilho com você nas próximas páginas, consegui estabelecer uma reconexão com minha voz interior e minha autocompaixão. Espero que minha experiência pessoal ajude você a entender que, como todo autocuidado de verdade, desenvolver compaixão por si mesma não é algo que se conclui. A cada transição em nossa vida, teremos que nos reorientar. O que reconforta é que, depois que dominá-las, as ferramentas necessárias estarão sempre disponíveis para que você recorra a elas em momentos de transição ou estresse.

Como saber se você está entrando no modo mártir? Um sinal revelador é você se esforçar demais pelos outros e ter a expectativa de que receberá algo em troca — elogio, apoio, atenção. Quando essa expectativa não é atendida, você perde a calma e borbulha de raiva em segredo (ou não tão em segredo).

Entrar no modo mártir nem sempre está relacionado a um diagnóstico clínico; é um papel que as mulheres podem desempenhar enquanto continuam sobressaindo e sendo altamente funcionais. Por dentro, no entanto, quando uma mulher fica presa ao modo mártir, é porque se convenceu de que a melhor maneira de fazer escolhas é ficar por último. O modo mártir faz parecer que a vida simplesmente acontece com você, e não que você tem poder sobre sua própria vida.

É o oposto do autocuidado de verdade.

Esse fenômeno não se aplica apenas a mães. Em nossa cultura, mulheres e meninas são socialmente condicionadas a ceder seu tempo, sua energia e sua atenção aos outros, seja em casa ou no trabalho. Meninas são elogiadas em sala de aula e no parquinho por serem boazinhas e cederem a seus pares. Dez ou vinte anos depois, são as mulheres que encomendam bolos de aniversário e participam de comitês de mentoria (sem remuneração). Não que esses atos em si sejam ruins — o que é ruim é assumir que as mulheres cuidarão disso e que, no processo, deixarão suas próprias necessidades em segundo plano.

Dito isso, passamos pelo modo mártir com sinceridade. Quando operamos no modo mártir, esperamos controlar as reações e as respostas de nossos futuros críticos. E, como vivemos em uma cultura que ama punir as mulheres por estabelecer limites e reivindicar espaço para si mesmas, o modo mártir faz sentido como mecanismo de defesa. Pense naquela vez que parecia que um furacão tinha passado pela sua casa e você decidiu tirar uma soneca em vez de arrumá-la, só para sua mãe dar uma passada e comentar de maneira sarcástica que é bom que você consiga relaxar com tanta louça para lavar. Valeu, mãe! Ou pense nas mulheres que são repreendidas nas redes sociais por escolher não ter filhos. Ou nas mulheres que são ridicularizadas por deixar a força de trabalho para se concentrar na família. Não importa a escolha que façamos, como Martha Beck nos lembra, o dilema da mulher moderna desafia a lógica, e os críticos são muitos e se fazem ouvir.[3]

O primeiro e mais importante passo de autocompaixão é dar a si mesma permissão para praticá-la. Espero que agora esteja claro para você por que devemos abrir mão do modo mártir para dar esse primeiro passo. Permitir-se praticar autocompaixão é, por si só, um ato de compaixão.

Conforme avança neste capítulo, reflita sobre as seguintes questões:

- Em que situações é relativamente fácil ser bondosa ao falar consigo mesma?

- Há fatores comuns nessas situações (pessoas, lugares ou coisas)?

- Há pessoas, lugares ou coisas que tornam difícil tratar a si mesma com compaixão ou situações em que sua autocrítica fica extraordinariamente evidente? Pense em casos em que isso acontece de maneira consistente.

- Quando você entrar no modo mártir, reflita sobre o que espera receber em troca (atenção, ajuda ou energia), mesmo que suas expectativas não sejam tão óbvias.

- Cite uma situação em que ficou surpresa ou baixou a guarda por conta da bondade ou generosidade consigo mesma. Reflita sobre as circunstâncias que permitiram sua autocompaixão.

Tenho maior facilidade de compreender e implementar a autocompaixão se penso nela como uma nova maneira de trabalhar com meu cérebro. Assim, não seria tanto uma questão de "pegar leve comigo mesma", mas sim de prestar atenção em como falo comigo e de aprender devagar uma nova linguagem.

Nas páginas seguintes, vou apresentar ferramentas que para mim são as mais úteis quando desejamos nutrir uma mentalidade de autocompaixão.

INCORPORE "NOSSA!" AO SEU VOCABULÁRIO

Minha paciente Sonia, uma muçulmana-americana de trinta e poucos anos, me procurou em busca de tratamento para uma depressão com a qual convivera a vida toda. Ao longo de nosso trabalho terapêutico, ela teve dois filhos, enquanto continuava trabalhando com publicidade em período integral. Como a maioria das mães nos Estados Unidos, Sonia tinha dificuldade de dar conta de tudo. Quando as coisas ficavam complicadas, ela era dura consigo mesma. Um dia, em uma sessão de terapia, depois de decidir que os dois filhos passariam uma tarde de domingo com a babá (para que Sonia pudesse tirar o atraso no trabalho), ela disse: "Não consigo acreditar que vou deixar meus filhos com a babá. Por que fui ter filhos se ia deixar que outra pessoa cuidasse deles no fim de semana?".

Minha resposta foi um "nossa" imediato e visceral.

Sonia levantou a cabeça, surpresa, e disse: "O que foi?".

"Isso é muito pesado", eu disse. "Você sempre fala assim consigo mesma? Diria algo assim para uma amiga?"

Sonia parou por um momento para pensar a respeito.

Ela concordou que além de estar sendo cruel consigo mesma, nunca falaria com uma amiga daquele jeito.

Em nossas sessões, chegamos à conclusão de que a crítica interna de Sonia, a voz em sua cabeça que julgava cada ação, na verdade era a voz da sua mãe. Sonia havia internalizado essa voz enquanto crescia, e agora ela própria soava como a mãe. A princípio, foi difícil para ela identificar quando essa crítica interna aparecia, mas depois que pegou o jeito Sonia também passou a notar cada vez que tomava uma decisão em nome do autocuidado de verdade. Funcionava como um relógio.

Não que uma crítica interna seja de todo ruim. Talvez tenha ajudado você a superar uma infância difícil ou circunstâncias traumáticas. Você pode ser grata pela crítica interna que te protegeu em momentos complicados no passado e ao mesmo tempo reconhecer que essa abordagem severa já não serve mais seus propósitos.

PARA TREINAR: DÊ UM NOME A SUA
CRÍTICA INTERNA

A terapia de aceitação e compromisso ensina que uma das melhores maneiras de ter mais consciência de como você fala consigo mesma é se conectando com sua crítica interna. Preste atenção: como é essa voz, como ela se parece. Em muitas de nós, a crítica interna tem a voz de pessoas que tiveram uma força instrumental em nossa infância. No entanto, para obter algum poder dessa voz, você pode renomeá-la na vida adulta.

Por uma semana, preste atenção às palavras e frases que aparecem em sua crítica interna para fazer você se sentir mal. Anote as frases exatas que surgem, não importa quão duras sejam. Então pense em algo na cultura popular que possa representar sua crítica interna. Minha crítica interna, por exemplo, é Angelica, do desenho animado *Os anjinhos*. Ela é mandona, sabe-tudo e adora ver os outros fracassarem. Uma paciente minha diz que sua crítica interna é Miranda Priestly, a personagem aterrorizante de *O diabo veste Prada*, baseada em Anna Wintour.

Adicionando uma pitada de drama a sua crítica interna, você alivia a voz e lembra a si mesma que ela não é a sua voz, e sim um amálgama dos piores desmancha-prazeres que se pode imaginar. É muito mais fácil dizer "nossa" para essa voz quando ela representa Anna Wintour ou Angelica do que quando parece ser você.

PEGUE LEVE NO SENTIMENTO DE INDIGNIDADE

Não dá para falar sobre a crítica interna ou o impacto do modo mártir sem mencionar a força do sentimento de indignidade. Trata-se da crença de que não somos merecedoras, de que somos ruins ou de que estamos erradas. Quando a autocompaixão parece impossível, o sentimento de indignidade costuma estar à espreita. Brené Brown aponta que ele aparece de duas formas principais em nossa mente:

- "Você não é boa o bastante."
- "Quem você pensa que é?"[4]

Sentimento de indignidade não é sentimento de culpa. Nós nos sentimos culpadas quando acreditamos que cometemos um erro — tomamos uma atitude equivocada, magoamos alguém ou cometemos um crime. O sentimento de indignidade, por outro lado, não está ligado a nenhuma ação ou decisão. Ele vem quando sentimos que *nós* é que *somos* erradas. É um sentimento de diferença ou de não pertencimento. Uma mãe pode se sentir culpada por gritar com os filhos, por exemplo, mas outra mãe pode se sentir uma "mãe ruim" por gritar com os filhos.

Todas experimentamos um sentimento de indignidade de vez em quando. Pode ser tentador atacar a si mesma por isso, mas o objetivo da autocompaixão é pegar leve, e não se sentir ainda pior. Você não deve se cobrar mais do que já se cobra.

Dito isso, é preciso reconhecer o sentimento. Quando falamos conosco mesmas desse ponto de vista, é um pouco como o exemplo de Sonia, que se repreendia por chamar a babá para poder trabalhar no domingo. Quase dá para ver um neon sobre a cabeça de Sonia: QUEM VOCÊ PENSA QUE É? Isso é meio que o oposto da autocompaixão. Ao deixar que a voz baseada em um sentimento de indignidade vença, entramos no modo mártir com força total, nossa crítica interna sai de controle e acabamos construindo situações em que se torna impossível nos sentirmos bem. Quando isso acontece, partimos do "erro" ou do "fracasso", em vez de partir da aceitação e da bondade. Portanto, o antídoto ao sentimento de indignidade é em primeiro lugar notar o que está acontecendo, e depois se lembrar de que você é suficientemente boa.

A ideia de "suficientemente boa" vem do conceito psicológico da "mãe suficientemente boa", do pediatra e psicanalista inglês Donald W. Winnicott. O conceito propõe que o papel do responsável é fornecer à criança um ambiente em que ela possa desenvolver a habilidade de tolerar a frustração.[5] A mãe suficientemente boa não se apressa a atender cada choro ou susto. Ela permite que a criança sinta ligeiras frustrações conforme percorre seu caminho no mundo. No contexto do desenvolvimento de compaixão por nós mesmas, quero que você parta dessa ideia do suficientemente boa, e não de uma narrativa interna baseada em um sentimento de indignidade. Isso significa reconhecer sua humanidade e demonstrar a si mesma a generosidade que adota para com os outros. Você deve confiar que as pessoas com quem se importa podem tolerar pequenos desconfortos ou erros.

Para mim, ser suficientemente boa significa:

- Aceito erros. (*Não preciso ouvir a voz cruel na minha cabeça.*)
- Ser egoísta ou altruísta não me define. (*Posso levar a mim mesma em conta quando tomo decisões, e não só aos outros.*)
- Posso oferecer a mim mesma a compaixão que ofereço aos outros. (*Acredito que todos merecemos compaixão, inclusive eu.*)

PARA TREINAR: PARTA DA NOÇÃO
DE SUFICIENTEMENTE BOA

Se você parte de uma mentalidade baseada em um sentimento de indignidade, pode se preocupar demais com a possibilidade de ser egoísta, e em vez de escolher o autocuidado de verdade pode acabar no altruísmo (e entrar no modo mártir). Acessar o modo suficientemente boa significa encontrar um meio-termo entre o egoísmo e o altruísmo. Este exercício vai lhe mostrar como é diferente a sensação de partir da mentalidade suficientemente boa.

1. Pense em uma situação na qual suas necessidades e preferências entraram em conflito com as de pessoas próximas a você, ou por quem se responsabiliza. Pode estar relacionada ao trabalho remunerado ou a sua relação com seu companheiro ou sua companheira ou com o restante de sua família. Talvez você tenha sentido raiva ou ressentimento por ter entrado no modo mártir.

2. Agora imagine a mesma situação supondo que você lidou com ela de forma egoísta. Que escolha sua versão "egoísta" faria? Quais motivos levariam sua versão "egoísta" a fazê-la? Como os outros reagiriam a ela? Como você se sentiria depois?

3. Reimagine a situação, agora supondo que você lidou com ela de forma altruísta. Que escolha sua versão "altruísta" faria? Quais motivos levariam sua versão "altruísta" a fazê-la? Como os outros reagiriam a ela? Como você se sentiria depois?

4. Agora, reimagine a situação uma última vez, supondo que você lidou com ela a partir da noção de suficientemente boa. Você aborda sua decisão querendo o melhor para todas as partes, incluindo si mesma, e valoriza os sentimentos, o tempo e a energia de todos de maneira igual. Que escolha você faria? Como os outros reagiriam a ela? Como essa tomada de decisão seria diferente daquelas dos primeiros exemplos?

Ao considerar como seria tomar uma decisão a partir de uma postura suficientemente boa, tenha sempre em mente o seguinte:

- Como meu medo de ser egoísta me impede de acessar a postura suficientemente boa?
- Quais são os custos (físicos, emocionais e espirituais) de ser altruísta?
- Em que áreas da minha vida pareço mais convencida a ser suficientemente boa? Posso levar essa mesma convicção a outras áreas da minha vida, nas quais não estou tão segura dessa qualidade inerente do suficientemente boa?

Você é a única que pode dar permissão a si mesma de partir da noção de suficientemente boa. Tome cuidado para não se ver presa à esperança de que outras pessoas lhe darão essa capacidade de presente. A autocompaixão não pode ser oferecida — tem que vir de você mesma. Ao cultivar a mentalidade do suficientemente boa, você vai acabar adicionando compaixão a sua narrativa interna.

DIFERENCIE CRÍTICA DE MOTIVAÇÃO

Você pode se pegar pensando: "Espera aí, mas minha crítica interna não me ajuda a ser uma adulta produtiva e funcional? Se eu não tivesse uma crítica interna, chegaria no horário nas coisas? Conseguiria me manter em um emprego?". Como permanecer *motivada* sem *crítica interna*, e qual é o limite entre uma coisa e outra?

Nosso objetivo com a autocompaixão não é eliminar a crítica interna, mas reconhecer quando ela é dura demais e se torna contraprodutiva. Em vez de discutir com a crítica interna ou tentar eliminá-la, lembre-se de que é apenas uma voz na sua cabeça, em meio a um mar de outros pensamentos, ideias e sentimentos. O problema não é a crítica existir, e sim quando ela é a única voz que você ouve, porque isso leva a sentimentos e pensamentos contraprodutivos. Quando sua crítica interna soa mais alto, sua energia é sugada, assim como sua alegria e todo o sentido, e você passa a seguir o fluxo.

Por exemplo, quando a Angelica dos *Anjinhos* me censurava por não ser mais produtiva em minha escrita, a última coisa que eu tinha vontade de fazer era me sentar para escrever sobre autocuidado. Além de me sentir hipócrita, eu não conseguia pensar com clareza. Paradoxalmente, quando me permitia tirar uma noite de folga e sair para caminhar ou ouvir um episódio do meu podcast preferido, eu me sentia inspirada para escrever.

Vamos pegar o exemplo simples da pontualidade. Quando você percebe que vai chegar atrasada a uma festa, o que sua voz interna diz?

- Opção 1: Bom, essa é mais uma batalha perdida, você vai chegar atrasada mesmo. Seus amigos estão de saco cheio! Aliás, por que você concordou em ir?

- Opção 2: Lembre-se de que você sempre acaba levando uns dez minutos a mais, por causa do trânsito, então já chega de se maquiar, porque você não quer chegar atrasada. Está todo mundo louco para ouvir como foi sua primeira exposição!

O que está implícito na opção 1 é: "Sou uma péssima pessoa". Se sua voz parece mais com ela, você precisa estabelecer limites para a crítica interna e começar a partir da noção de suficientemente boa, e não de um sentimento de indignidade. Você consegue encontrar uma voz mais parecida com a opção 2? Consegue se lembrar por que deseja ir à festa?

Se você não aprender a falar consigo mesma com respeito, bondade e carinho, quando chegar à sua meta — seja uma festa ou terminar de escrever um livro — vai estar acabada. Você não *precisa* de uma crítica interna cruel para fazer as coisas. Se tantas de nós pensam isso é porque nos acostumamos com ela. A verdade é que você pode se treinar para usar uma voz bondosa. Vale a pena se permitir dar menos atenção a sua crítica interna.

PARA TREINAR: TENHA CURIOSIDADE PELAS VOZES NA SUA CABEÇA

Quando a crítica interna é a única voz na nossa mente, ou a mais alta, ficamos presas a uma narrativa interna tóxica. Para compensar essa tendência, é importante identificar algumas das outras vozes que vêm e vão durante o dia, e conhecê-las melhor. Por exemplo:

- Sua voz otimista: Ela tem grandes ideias e grandes planos. Como soa e como parece?

- Sua voz excêntrica: Adora começar as frases com "Pode parecer estranho, mas...". Da próxima vez que aparecer, reflita sobre como essa singularidade pode contribuir.

- Sua voz sábia: A voz dela muitas vezes soa solene. Ela já viu de tudo e responde com propriedade.

Que outras vozes você acrescentaria a essa lista e como elas aparecem? Identificar a diversidade de vozes em sua paisagem interna é poderoso porque te lembra que sempre há mais de uma narrativa, em qualquer história. A voz crítica talvez nunca desapareça por completo, mas ela pode ser compensada por todas essas outras, que são muito mais produtivas.

RECONHEÇA QUE NÃO EXISTE PERFEIÇÃO

Uma paciente chamada Sally recentemente me disse que era um fracasso retumbante no autocuidado de verdade. Uma colega de trabalho tentava marcar alguma coisa com ela fazia meses. Todos comentavam que se tratava de uma pessoa tóxica, mas ela insistiu tanto que Sally acabou concordando e as duas saíram para tomar brunch num domingo. Quando voltou para casa, Sally estava chateada consigo mesma por não ter se mantido firme, apesar de convicta de que não queria passar seu precioso tempo livre com uma pessoa que não acrescentava nada a sua vida. Sally percebeu que, no passado, teria dito a si mesma: "Eu só estava sendo uma boa amiga". Mas agora reconhecia: "Essa pessoa não é minha amiga e não quero mesmo que seja".

É preciso tomar cuidado. Algumas mulheres têm uma forte tendência a se diminuir quando não são perfeitas no autocuidado de verdade. E a questão é: não existe perfeição no autocuidado de verdade. Trata-se de um processo constante, e não de uma meta. Você não precisa fazer tudo perfeito para que funcione. Na sessão com Sally, reenquadramos o brunch como "coleta de dados". Na verdade, era uma vitória reconhecer, assim que voltou, o que a fazia se sentir mal. O autocuidado de verdade é isso: aprender mais sobre você mesma, a parte de você que gosta de algumas coisas e não gosta de outras, que tem necessidades e preferências. É preciso tempo para acertar, e isso é perfeitamente normal. E você vai cometer erros mesmo quando estiver fazendo certo.

INVISTA EM RECEBER

Este ano, eu estava falando com uma mulher que passava por um período particularmente difícil. Seus filhos vinham lidando com alguns problemas de saúde e estávamos no auge da pandemia de covid-19. A vida andava complicada. Apesar disso, ela continuava enfatizando como era grata pela sorte de ter um emprego em tempo integral e um companheiro que a apoiava. "Sei que tem muita gente por aí passando por coisa bem pior, não deveria estar reclamando." A paciente ainda comentou que tinha uma vizinha que era chef profissional e um dia se oferecera para fazer o jantar para a família dela. A paciente disse *não* na mesma hora. Sim, teria sido maravilhoso e ela estava literalmente com água na boca ao dizer *não*, mas sabia que não merecia aquele tipo de coisa. Havia gente que precisava muito mais.

Um dos fatores que mais atrapalham o caminho da autocompaixão é a capacidade limitada de receber ajuda, porque sentimos que não merecemos ou que não precisamos dela tanto assim. Todo dia deparamos com notícias de pessoas no mundo todo que enfrentam trauma, desastres naturais, guerra e fome. Quem somos nós para aceitar ajuda?

Mas e se, em vez de pedir permissão externa, passarmos a considerar que aceitar apoio, amor ou atenção dos outros é uma habilidade a ser desenvolvida? A terapeuta sexual belga Esther Perel, especialista em relacionamentos e escritora, comentou: "Na minha cultura, pede-se a um amigo ou a uma amiga para ficar de babá. Aqui, primeiro você tenta contratar alguém, e só depois 'incomoda'".[6] Vejo isso com frequência no meu trabalho. O companheiro de uma paciente que tem dois filhos teve que fazer uma viagem de última hora e passar duas noites fora. A irmã dela, que morava na mesma cidade, se ofereceu para passar a noite na casa da minha paciente para ajudar na hora de dormir e na rotina da manhã. A reação da minha paciente foi dispensar a ajuda. "São só duas noites. Vou ficar bem." Perguntei por que era difícil para ela dizer *sim* a uma parente que se oferecera por vontade própria. Minha paciente disse: "Não quero incomodar minha irmã, sei que ela já tem muita coisa pra fazer". Ela se viu automaticamente como um incômodo.

Podemos olhar a situação de outro ponto de vista e pensar como a irmã, que ofereceu ajuda generosamente, se sentiu ao ouvir *não* outra vez. Os seres humanos prosperaram com base na conexão compartilhada. Portanto, em vez de resistir e recusar apoio, lembre-se de que as pessoas que oferecem ajuda também a recebem.

PARA TREINAR: COMECE A RECEBER
EM PEQUENAS DOSES

Assim como acontece ao estabelecer limites, você pode se sentir desconfortável ao aceitar ofertas de ajuda e apoio. Em parte, porque nossa cultura exalta o individualismo e o estoicismo. E desvaloriza ou ignora o trabalho invisível que envolve o cuidado. Como resultado desse condicionamento social, não temos o hábito de receber. Assim, parte do desenvolvimento da autocompaixão envolve encontrar pequenas formas de dizer *sim* à ajuda oferecida. Essa prática também contribui para equilibrar a tendência a entrar no modo mártir. Experimente fazer o seguinte: da próxima vez que alguém oferecer auxílio, preste atenção quanto tempo demora para você dizer: "Não precisa, obrigada. Eu me viro".

Ainda que nem sempre a oferta de ajuda seja exatamente o que você espera — por exemplo, talvez uma amiga se ofereça para olhar as crianças numa quinta-feira depois da escola, mas para você seria melhor na terça —, treine dizer *sim*.

Permitir-se aceitar ajuda é uma habilidade crítica que não apenas desenvolve sua rede de apoio de maneira tangível como faz a pessoa que oferece apoio se sentir valorizada. Sempre que você pratica isso, dá a amigos e familiares a chance de fortalecer relações interpessoais, o que é bom para eles também.

INVESTIGUE SUA RAIVA

Machik Labdrön, importante monja budista, teria dito: "Em outras tradições, demônios são exorcizados externamente. Na minha tradição, demônios são aceitos com compaixão".

A emoção que costuma ser mais desprezada talvez seja a raiva. Se você estiver fazendo estes exercícios e ainda enfrentar problemas com sua crítica interna, talvez haja uma raiva subjacente que não tenha sido expressa. Pode ser raiva de suas circunstâncias de vida ou de pessoas específicas, próximas a você, e em paralelo raiva direcionada a si mesma. É importante identificar essa raiva, senão ela vai operar sob a superfície, furtivamente, enquanto se manifesta de modo destrutivo.

Em momentos na minha vida em que tive dificuldade de acessar a autocompaixão, foi preciso primeiro fazer as pazes com minha raiva. Por exemplo, no fim da década de 2000, fui destacada para trabalhar com a equipe cirúrgica de um hospital notoriamente hostil na Filadélfia. Como estudante de medicina, eu estava no degrau mais baixo da profissão e acordava às três e meia da madrugada para chegar ao hospital às cinco horas e verificar os sinais vitais dos pacientes que tinham sido designados para mim. Com sorte, deixavam que eu entrasse na sala de cirurgia para observar os outros profissionais, e uma vez testemunhei um médico furioso atirar equipamentos na equipe durante a cirurgia. A dinâmica entre residentes e cirurgiões era similar à que eu observava como estudante — desrespeitosa e cruel.

Minha resposta era me repreender internamente por não estudar o bastante, por não ser uma das melhores alunas e, de modo geral, por ser um fracasso na vida. Recorri a ajuda psicológica para tentar descobrir o que estava acontecendo. Depois de uma conversa, compreendi que eu estava brava. E não só brava — eu estava furiosa! Como estudante, estava ali para aprender, mas, em vez disso, sentia que era tratada de modo desumano. A equipe não se dava ao trabalho nem de aprender meu nome. Naquela época, a ideia de um ambiente de trabalho tóxico ainda não havia se popularizado, e não tenho orgulho de admitir que nunca denunciei nenhum tipo de comportamento (embora pessoas acima de mim o tenham feito). Curiosamente, depois que reconheci e externalizei minha raiva, minha crítica interior começou a pegar mais leve. Eu vinha descontando em mim mesma a raiva que sentia dos outros.

Vejo esse mesmo fenômeno acontecendo com minhas pacientes — mulheres que nutrem uma raiva sutil, ou nem tão sutil, à espreita. Historicamente, nossa cultura não permitiu que as mulheres sentissem raiva; por causa disso, em vez de lidar com esse sentimento muito real, minhas pacientes perdem tempo se perguntando se podem se sentir assim, se sua raiva é justificada. Só que não é assim que os sentimentos funcionam. Não se trata de atores racionais. Sentimentos são como são. Nosso trabalho é aprender a identificá-los para poder decidir se queremos agir com base neles. Dizer a si mesma que sua raiva não é racional não faz absolutamente nada para impedi-la; só cria mais obstáculos no longo prazo, dificultando que você veja o que *realmente* está acontecendo.

CONECTE-SE COM SEU CORPO

Quando se trata de compaixão, você provavelmente já ouviu muita gente aconselhando a descansar o corpo. Isso porque o descanso — que inclui sono, relaxamento, tempo dedicado a atividades que não rendem dinheiro ou status — é vital para o bem-estar.

No entanto, o que falta nessa conversa é como convencer alguém que tem alergia a descanso a descansar. Você não consegue descansar seu corpo sem reconhecer que *tem* um corpo que precisa de descanso. E você não pode reconhecer que seu corpo está cansado e precisa de descanso a menos que demonstre primeiro compaixão por si mesma. Em outras palavras, a autocompaixão é pré-requisito para a corporeidade, que por sua vez é pré-requisito para o descanso.

A descorporeidade assume muitas formas — por exemplo, ficar à toa nas redes sociais, esquecer-se de comer ou beber água, praticar atividade física até se machucar — e acaba levando à perda da capacidade de fazer escolhas significativas e produtivas para si mesma. Se você se identifica com os seguintes casos, pode estar enfrentando problemas nesse sentido:

- Quando alguém pergunta como você está se sentindo, parece impossível nomear uma emoção ou sensação no seu corpo.

- Uma necessidade de produtividade ou desempenho cega você.

- Você se identifica tanto com o modo mártir ou pensamentos de indignidade que fica difícil se conectar com o que deseja ou precisa no momento.

Uma paciente minha, Naomi, fez essa relação recentemente enquanto observava a mãe. A mulher, que está na casa dos setenta e tem uma longa lista de problemas de saúde e condições crônicas, não consegue ficar parada. Durante uma visada prolongada em que se hospedou na casa de Naomi, a mãe estava sempre indo de um lado para o outro: a cozinha, o jardim, o mercado... Não que tivesse muita energia ou fosse do tipo que adorava ajudar — Naomi estava sempre preocupada que a mãe fosse cair e quebrar a bacia (outra vez). O problema era que ela estava desconectada do próprio corpo. Havia passado a vida toda se levando ao limite, como parte de uma geração que desprezava qualquer admissão de fraqueza ou fragilidade.

Previsivelmente, a mãe de Naomi se excedeu e machucou o pulso cozinhando. Isso só agravou sua descorporeidade, porque ela relutou em procurar cuidados médicos. O que mais incomodou Naomi foi que, depois de se machucar, a mãe não parava de pedir desculpas por se machucar. Naomi insistia em lembrar a mãe que ela não precisava pedir desculpas por prestar atenção aos sinais que seu corpo estava lhe dando. Essa experiência a ajudou a compreender que ela tinha a mesma tendência de se levar ao limite e ignorar as dicas do próprio corpo de que era preciso fazer uma pausa. Ver o comportamento da mãe conscientizou Naomi e a motivou a começar a trabalhar sua própria autocompaixão.

A corporeidade está relacionada a ter curiosidade em relação a si mesma, perguntar-se do que o corpo precisa a cada momento e abrir espaço para permitir isso — seja descanso, movimento ou estímulo. Tricia Hersey é fundadora do Nap Ministry, um movimento de justiça social baseado na crença de que descanso é resistência em relação aos sistemas de opressão que encaramos diariamente. Em uma entrevista ao *The New York Times*, ela disse: "Não deveríamos habitar o mundo estando exaustas o tempo inteiro. Isso é um grande trauma".[7] Através do Nap Ministry, Tricia educa e ajuda mulheres racializadas a se empoderar e escolher o descanso. Pode ser tirar uma soneca, parar de olhar os e-mails ou dar uma volta no quarteirão — o que você faz é menos importante do que compreender que o descanso, como uma prática de autocompaixão, não é uma forma de fraqueza, e sim uma afirmação de força.

Se você é como eu, tem dificuldade de escolher o descanso, o relaxamento e a corporeidade. Por um lado, o *fazer* parece produtivo, porque é um movimento. Quem está parada, descansando, precisa lidar com a ansiedade de estar consigo mesma e prestar atenção a sentimentos e sentidos. Para muitas, essa quietude provoca ansiedade. Queremos descarregar a ansiedade logo, fazendo alguma coisa, *qualquer coisa*. Algumas pessoas até sentem uma espécie de barato ao riscar itens da lista.

Indo um passo além, quando olhamos mais de perto para esse padrão de abrir mão do descanso, o que muitas vezes vem à tona é medo. Pode haver uma preocupação subjacente de que, se você finalmente botar os pés para cima por alguns minutos, se aceitar a ajuda dos outros, vai acabar desmoronando. Quando você finalmente se permite espaço para se conectar com o corpo, é provável que a primeira coisa que sinta seja: como estou exausta. Pode ser mais fácil seguir em frente, entorpecida e exausta, do que parar e sentir fadiga.

No entanto, seja corajosa, por favor. Como seria a vida se passássemos um pouquinho de tempo que fosse dentro de nós mesmas, conosco mesmas? A autocompaixão é um ato radical de subversão das estruturas sociais que pretendem nos manter quietas e sobrecarregadas. Imaginar atos de corporeidade e descanso como resistência pode fazer com que você tenha uma sensação de poder e controle. Faz tempo que as mulheres praticam a afirmação dessa autocompaixão firme nos outros — parentes, filhos, aqueles por quem são responsáveis. Agora, é nosso trabalho fazer o mesmo em relação a nós. Na prática do autocuidado de verdade, é crucial reconhecer quando um descanso é necessário e impor limites, assim como demonstrar compaixão consigo mesma para permitir-se um descanso. Quanto mais conectada você se sente com o seu corpo, mais fácil fica tomar grandes decisões com clareza, o que será importante para o próximo passo no autocuidado de verdade — identificar seus valores.

Vale notar que é aqui que práticas como ioga, meditação e atenção plena podem entrar como ferramentas poderosas para desacelerar e se conectar com o corpo. Enquanto ioga como falso autocuidado (por exemplo, como medida de sucesso ou como maneira de evitar o autocuidado de verdade) não funciona, praticar o autocuidado e escolher uma prática corporal para si pode ser transformador.

PARA TREINAR: OPTE POR DESCANSAR

É do descanso que tiramos energia física e emocional, e energia é poder. Penso no descanso mais como uma tomada de posicionamento do que como uma tomada de ação. Quando decidimos descansar, como quer que seja, trata-se de uma ação única que vai contra as forças sociais que exigem nosso tempo, nossa energia e nossa atenção. Optar pelo descanso é um ato revolucionário. Seu objetivo aqui é começar pequeno e tomar pequenas decisões que favoreçam seu corpo e sua energia — em oposição às pessoas e entidades que pedem sua atenção.

Da próxima vez que se vir sobrecarregada, exausta ou simplesmente acabada, reserve-se um minuto para se fazer as seguintes questões:

1. O que meu corpo está tentando me dizer neste momento?
2. Que pequeno passo posso dar para cuidar do meu corpo neste momento? (Pode ser algo tão minúsculo quanto se permitir ir ao banheiro quando tem vontade em vez de passar horas segurando.)
3. Quais são as áreas da minha vida em que posso praticar a habilidade de estabelecer limites e abrandar minha crítica interior para poder optar pelo descanso?

Da próxima vez que você se sentir sobrecarregada, pense nesses passos que acabou de identificar e coloque-os em ação. Você vai ver que dar um passo mínimo que seja em nome do descanso tem um amplo efeito; cada momento de descanso torna mais fácil escolher descansar outra vez.

PARECE ÓTIMO, MAS...

A autocompaixão é um tema complexo, portanto não fique preocupada se você ainda tem dúvidas sobre como pôr tudo isso em prática. Eis algumas das questões e críticas mais comuns que costumam surgir.

A autocompaixão parece mesmo interessante, mas o que ela tem a ver com mudança de sistemas? O autocuidado de verdade não deveria ser algo que impacta o mundo de forma mais ampla e o torna um lugar melhor para todos?

Vamos voltar à história de Sonia para compreender melhor o que significa na prática a autocompaixão como revolução. Depois de identificar sua crítica interna como a voz da mãe, Sonia fez algumas escolhas corajosas partindo da noção de suficientemente boa. Ela decidiu colocar a criança mais nova na creche e pediu mais apoio administrativo no trabalho, o que já prometiam fazia tempo. Também estabeleceu limites com a mãe, cuja voz crítica personificamos como Regina George, do filme *Meninas malvadas*. Como acontece com a culpa, isso não fez a voz desaparecer, mas Sonia parou de consultar Regina e de receber suas críticas como pessoais.

Aproveitando a permissão que deu a si mesma, Sonia criou coragem para abraçar a ideia de descanso. Ela contratou uma babá para uma tarde de domingo ao mês, não com a intenção de tirar o atraso no trabalho, mas de descansar seu corpo e sua mente. Sonia dormia, ouvia seus podcasts preferidos sobre crimes reais, conversava com os amigos e experimentava receitas novas.

Abrir esse espaço para si mesma permitiu que Sonia se sentisse pronta para processar parte de sua raiva, e ela se deu conta de que não se sentia devidamente apoiada pelo companheiro, Brad, desde que haviam tido um segundo filho. Brad trabalhava em uma startup pequena e não havia tirado licença no pós-parto. Sonia não insistira para que ele tirasse, e já fazia quase dois anos que carregava aquele ressentimento.

Quando engravidou de seu terceiro filho, um ano depois, Sonia pediu que Brad tirasse uma licença. Compreendia que cabia a ela exercer sua influência no relacionamento e que usar sua voz para expressar suas necessidades era uma afirmação de poder. Brad concordou, ainda que tivesse ficado nervoso quanto a causar tamanho rebuliço em uma empresa tão pequena. Ele foi o primeiro funcionário a pedir licença-paternidade. Os sócios da startup decidiram que queriam oferecer bons benefícios para reter seus principais talentos, de modo que instituíram uma licença remunerada de seis semanas às pessoas cuja companheira dava à luz. A mudança impactaria todas as famílias da empresa. E começara com Sonia aprendendo a tratar a si mesma com compaixão.

Como você pode ver, todos os quatro princípios do autocuidado de verdade devem funcionar em conjunto para que haja um efeito cascata, e esse trabalho leva tempo. Em oposição ao alívio momentâneo de fazer uma massagem ou de se inscrever em uma aula de meditação com atenção plena, esse trabalho interno impulsiona a mudança dentro de nós, e por consequência em nossa família e nos sistemas em que vivemos e trabalhamos.

Tenho dificuldades com a autocompaixão, porque minha vida gira em torno de cuidar de diferentes membros da família — e, sem mim, tudo desmoronaria. Além disso, ao longo dos últimos anos, passei por algumas circunstâncias devastadoras (morte do meu companheiro) e ainda sofro de trauma intergeracional (meu pai era alcoólatra). Devido ao peso das responsabilidades sobre meus ombros, a autocompaixão sempre me pareceu autopiedade. Para conseguir cuidar dos outros, preciso ser dura comigo mesmo — se eu descansasse, outras pessoas sofreriam. Na minha cabeça, é impossível ser bondosa comigo mesma e ainda tomar conta dos outros. Sei que isso não é necessariamente verdade nem produtivo, mas como eu mudo meu pensamento quando cada grama do meu corpo e da minha mente luta contra isso?

O que identifico aqui é alguém que está lidando com um nível elevado de sofrimento emocional e está acostumada a carregar todo o fardo. Quando o nível de sofrimento é alto, lembro minhas pacientes que o melhor a fazer é encontrar uma maneira de ser curiosa em relação à própria dor. Se conseguir, por cinco minutos que seja, procure ser sensível em relação a seu sofrimento e perguntar o que ele quer lhe dizer.

Devemos sempre adaptar o autocuidado de verdade ao contexto. Quando se vem de uma família com trauma intergeracional, o trabalho de falar consigo mesma com respeito e de fato acreditar que se merece descanso e bondade pode parecer simplesmente ridículo, porque nunca foi algo apresentado para você como algo positivo (na verdade, talvez tenha sido visto com desconfiança ou paranoia). Aqui, além de olhar com curiosidade para o próprio sofrimento, procure aprender com a raiva. Onde foi que você aprendeu que só pode ser útil aos outros se não der atenção a seus próprios sentimentos? Ou você aprendeu que outra pessoa vai aparecer para lhe salvar? O trabalho com terapia, psiquiatria ou algum tipo de aconselhamento pode ser útil na hora de fazer essas perguntas difíceis.

Se você cuida de pais idosos ou de uma criança pequena, não é incomum pensar em si mesma como alguém separado dos entes queridos por quem é responsável. Scott Stanley, pesquisador, professor e codiretor do Centro de Estudos Conjugais e Familiares da Universidade de Denver, sugere ir do "eu para o nós" no trabalho com casais, e gosto de aplicar esse conceito nas situações com cuidadores. Sua narrativa mental talvez seja: "Preciso me certificar de que meu pai compareça a todas as consultas médicas". É fácil interpretar (mal) suas próprias necessidades como concorrentes diretas das necessidades dos outros. Em vez de recair nessa mentalidade (do eu contra eles), procure pensar em si mesma como membro de uma equipe, e em suas necessidades e seu bem-estar como parte de um sistema mais amplo. Talvez seja algo mais parecido de: "O que posso fazer para apoiar a mim mesma e garantir que não percamos nenhuma consulta médica do meu pai?". Você precisa se incluir no quadro e reconhecer que faz parte do "nós". Sem sua saúde e seu bem-estar, é impossível cuidar de outras pessoas.

> **QUANDO BUSCAR AJUDA PROFISSIONAL**
>
> Reconheço que a autocompaixão como descrevi aqui, embora seja uma parte importante da autoajuda de verdade, não está disponível para todo mundo o tempo todo. Se você já enfrentou depressão, ansiedade ou outros tipos de problema de saúde mental, pode achar a autocompaixão particularmente difícil de acessar. Em meio a um episódio depressivo ou a uma crise de ansiedade importante, um diálogo interno negativo, como a crítica interna, pode se tornar muito, muito forte, e muitas vezes se torna a voz que fala mais alto na sua cabeça.
>
> No capítulo 4, afirmamos que o autocuidado não é um tratamento para condições clínicas de saúde mental. Como lembrete, em vez de ver o autocuidado de verdade como uma cura, gosto de pensar nele como uma forma de manter o controle de como nossas intervenções estão funcionando. Por exemplo, dá para saber que a depressão ou a ansiedade de uma paciente com uma condição clínica de saúde mental está sob controle quando ela consegue acessar de maneira relativamente fácil uma sensação suficientemente boa em relação a si mesma e consegue estabelecer limites com sua crítica interior. No entanto, se alguém que antes era capaz de estabelecer limites com sua crítica interna agora é atormentada por um diálogo negativo, sabemos que é necessário ajustar o tratamento.

Como acontece com todas as lições que aprendemos com o autocuidado de verdade, lembre-se: não podemos chegar à autocompaixão usando as mesmas ferramentas que nos afastaram dela. Perfeccionismo, excesso de autocrítica e hiperfuncionamento não vão nos levar à autocompaixão. Entre os quatro princípios do autocuidado de verdade, a autocompaixão é o que exige maior permissão por parte das mulheres. Passamos séculos em uma cultura que nos torna invisíveis, que nos diminui, que nos diz que não importamos. Falar consigo mesma com bondade e respeito, compreendendo que você é digna de tempo e de ajuda, e que você merece descansar, é um ato radical. Você é a única que pode dar essa permissão a si mesma. Você pode começar pequeno, com vislumbres de autocompaixão — percebendo quando sua crítica interior se insinua ou notando quando você entrou no modo mártir, em vez de permitir que ele domine por meses.

Os princípios do autocuidado de verdade se complementam e funcionam em sinergia. Você não terá compaixão por si mesma até aprender a dizer *não* para os outros, e não estabelecerá limites a menos que abra mão de parte do sentimento de indignidade. Algumas vezes, você vai se pegar melhorando num princípio e regredindo em outro. Tudo bem. A compaixão consigo mesma *e com sua prática do autocuidado* é de importância vital.

CHECKLIST DA AUTOCOMPAIXÃO

- Dar *permissão* a si mesma leva a mais *compaixão* consigo mesma.
- Compaixão é algo que você precisa oferecer a si mesma; não pode esperar que venha de fora.
- Sua crítica interior pode ter levado você até o ponto em que se encontra, só que agora ela não é a única voz que importa.
- Perfeccionismo é uma ilusão que leva a solidão, desmoralização e desconexão.
- Você não precisa estar na pior para aceitar ajuda.
- Compreender sua raiva vai ajudar você a se aproximar da autocompaixão.
- Permitir-se descansar é uma estratégia para recuperar sua energia de sistemas tóxicos.
- Lembre-se: o que você está sentindo é *traição*, e não esgotamento.

7. Autocuidado de verdade aproxima você de si mesma
Desenvolvendo sua bússola do autocuidado de verdade

> *Não existe isso de equilíbrio entre trabalho e família. Esse tipo de linguagem indica que há um problema a ser resolvido, um objetivo a alcançar. É muito mais preciso dizer que o relacionamento com companheiros, filhos e trabalho existe como uma conversa dinâmica e ruidosa, em constante evolução.*
>
> Dra. Alexandra H. Solomon

Minha paciente Rochelle é uma mulher branca da Califórnia que havia se mudado recentemente para a Costa Leste. Ela havia passado a maior parte da vida cuidando de todos a sua volta. Quando a mãe ficou doente, Rochelle foi morar com ela e assumiu a organização de todas as consultas médicas. Quando a família passou por uma crise financeira, Rochelle gastou todas as economias. Em nosso trabalho terapêutico, identificamos que ela desempenhava o papel de salvadora na família. Era para Rochelle que ligavam quando um problema precisava ser resolvido. E ela era muito, muito boa naquilo.

No entanto, depois de décadas, Rochelle estava totalmente dedicada aos pais e irmãos e sentia falta de espaço para si mesma. Ao longo de nosso trabalho, Rochelle aprendeu que precisava estabelecer limites e começou a dizer não aos pedidos da família. Quando a mãe ligou para ela um sábado, insistindo que largasse tudo para ir consertar seu laptop, Rochelle disse não. Quando a irmã pediu que fosse para a Califórnia para ajudá-la a encontrar um apartamento, Rochelle disse não. Foram grandes vitórias para ela, que estava feliz consigo mesma por ter avançado tanto. Mas agora Rochelle tinha um novo problema: não fazia ideia de como usar seu tempo quando não estava cuidando da família.

Esse é um desafio que muitas das minhas pacientes enfrentam: depois de identificar claramente o que não querem em sua vida, sentem-se à deriva, sem saber direito o que as completa. Por sorte, estabelecendo limites e começando a nos tratar com mais compaixão, criamos espaço mental para refletir sobre o que realmente nos satisfaz e nos deixa realizadas.

Identificar nossos valores é o princípio de tudo.

Neste capítulo apresento o terceiro princípio do autocuidado de verdade: ele vai aproximar você de si mesma. Ele é diferente para cada pessoa, mas significa que cada uma se sente conectada com seus valores e se envolve com atividades alinhadas a eles. Identificar nossos valores de maneira explícita nos encoraja a fazer escolhas claras. E essas escolhas nos dão um sentido de propósito e realização.

OBJETIVOS × VALORES: QUEM VOCÊ É DURANTE O TRAJETO É QUEM VOCÊ É AO CHEGAR AO DESTINO

Vamos começar esclarecendo a diferença entre objetivos e valores, porque é fácil confundir os dois. Objetivos são metas tangíveis, como "Quero correr uma maratona" ou "Quero fazer uma pós-graduação". Valores, por outro lado, são qualidades de ação desejadas. Você pode personificar seus valores enquanto trabalha para atingir seus objetivos (mesmo que fracasse). Se vou treinar para uma maratona, que valor devo adotar? O senso de aventura para tentar algo novo? Ou coragem diante de um desafio?

Para explicar de outra forma: se objetivos são as coisas que você faz, valores são o modo como faz. Imagine sua vida como uma longa viagem de carro. Seus objetivos incluiriam cada parada, quer seja o Grand Canyon ou o posto de gasolina. Seus valores são como você se sente ao estar no carro e dirigir rumo às várias paradas ao longo da viagem. Você ouve suas músicas de hip hop preferidas dos anos 1980 e canta junto? Vai brincando com as crianças? Ou mantém as mãos firmes no volante e xinga sem parar? Isso é importante, porque a maneira como você segue rumo a seus objetivos influencia o estado mental e psicológico em que estará quando os atingir.

Talvez você tenha notado que no capítulo 2 as estratégias de enfrentamento do falso autocuidado estão todas alinhadas com objetivos concretos, e não com valores. Vamos a um retiro de bem-estar para fugir da vida cotidiana, fazemos uma aula de spinning para perder peso. Em geral, acreditamos que vamos nos sentir melhor ao alcançar nossos objetivos. Raras vezes identificamos os valores subjacentes. Em vez disso, usamos o falso autocuidado como estratégia de enfrentamento voltada a um objetivo, visando assim lidar com a sobrecarga e a desconexão de nossos valores. O trabalho do autocuidado de verdade é mais profundo; trata-se de um processo que ajuda a pessoa a viver segundo seus valores.

Mas a ironia é: se você é como eu e minhas pacientes, pode acabar fechando os olhos e se concentrando nos objetivos. É só me dar um checklist que eu faço a festa. O problema com esse modo de vida é que acabamos deixando passar o que mais importa na vida. Além de caracterizarem *como* você quer viver sua vida, os valores também definem *por que* você toma as decisões. Não existem duas pessoas com o mesmo conjunto de valores.

Como mencionei no capítulo 4, pesquisas indicam que pessoas que desenvolvem relacionamentos autênticos e significativos e que estão em contato com seu propósito na vida são mais felizes e mais realizadas.

Quando você foca nos seus objetivos e esquece por que eles importam tanto, corre o risco de se sentir vazia e de mergulhar no esgotamento ou em coisa pior, como depressão e ansiedade.

Em seu trabalho sobre a terapia de aceitação e compromisso, Russ Harris define valores como "os desejos mais profundos de nosso coração em relação à nossa maneira de interagir com o mundo, com outras pessoas e com nós mesmos".[1] Como queremos estar presentes? Nossos valores têm a ver com essa questão. Afinal, que tipo de pessoa você quer ser? O que realmente importa para você? Agir de maneira comprometida com seus valores faz com que você se sinta realizada porque aproxima você de si mesma e, no processo, promove o bem-estar eudaimônico. Em resumo, estar conectada com seus valores ajuda você a *sentir*, e ser capaz de vivenciar seus sentimentos é fundamental na prática do autocuidado de verdade.

Este capítulo está dividido em duas seções: a primeira apresenta ferramentas e exercícios que ajudarão você a refletir sobre seus valores e a fazer uma lista deles; na segunda, você vai usar essa lista para desenvolver sua bússola do autocuidado de verdade.

Conforme avançar, lembre-se da importância de estabelecer limites e mostrar compaixão consigo mesma. O autocuidado de verdade é um processo iterativo no qual você deve manter todos esses princípios em mente. Com a prática, isso se torna natural.

ELABORANDO SUA LISTA DE VALORES

Eis uma lista breve de valores comuns para você usar como referência na leitura do capítulo. Não pretendo apresentar aqui uma lista completa — ela serve apenas para ajudar você no processo de identificar seus próprios valores. Destaque os que mais ressoam em você (sem pensar demais). Depois, conforme seguir pelas ferramentas das próximas páginas, vá acrescentando à lista os valores que apareceram em suas respostas.

ACEITAÇÃO	BONDADE	ESPERANÇA
AUTONOMIA	RESPONSABILIDADE	LIDERANÇA
AVENTURA	INTEGRIDADE	COMPAIXÃO
CUIDADO	FIDELIDADE	COMUNIDADE
AUTENTICIDADE	AUTOCONHECIMENTO	LEVEZA
PERTENCIMENTO	HUMILDADE	OUSADIA
LIBERDADE	HONESTIDADE	ERUDIÇÃO
CRIATIVIDADE	CORAGEM	FRANQUEZA
CURIOSIDADE	FLEXIBILIDADE	ESTABILIDADE
COMPREENSÃO	AUDÁCIA	OBSEQUIOSIDADE
GENEROSIDADE	HUMOR	ESPIRITUALIDADE
JUSTIÇA	CONSTÂNCIA	

Você pode estar se perguntando: "Como identifico meus valores e como sei se minhas decisões estão alinhadas com eles?". Nas páginas a seguir, introduzirei algumas ferramentas para ajudar a compreender que atividades, interesses e qualidades satisfazem seu verdadeiro senso de identidade.

COLOQUE UM VALOR ACIMA DO OUTRO

É mais fácil identificar os valores quando pensamos neles no contexto da tomada de decisão. Bethany Saltman é coach e escreveu obras que ajudam pessoas e equipes a comandar negócios alinhados com seus valores. Quando fundamos a Gemma, minha empresa de educação digital em saúde mental da mulher, minha equipe e eu trabalhamos com Bethany para ter a clareza necessária na hora de tomar decisões importantes que precisavam ser tomadas quanto ao rumo que seguiríamos. Bethany enfatiza a utilidade de considerar o valor como uma escolha que coloca uma qualidade acima de outra. No mundo dos negócios, por exemplo, definir os valores de uma empresa pode significar preferir justiça a estabilidade, ou priorizar o atendimento ao cliente em relação a flexibilidade. Na Gemma, significou decidir que nosso relacionamento como amigos e colegas era mais importante que a pressa de lançar nosso novo produto no mercado. Essa estrutura de valores mais ampla também pode ser aplicada a indivíduos.

Vejamos, por exemplo, o caso da minha paciente Kleo. Ela e sua esposa, Melanie, tinham economizado dinheiro para comprar sua casa dos sonhos e estavam reformando a cozinha. Melanie lamentava que Kleo tinha tudo o que dizia querer (e pelo que havia trabalhado duro), mas continuava parecendo infeliz. Também notei isso, pois em nossas sessões Kleo muitas vezes mencionava listas longas de coisas por fazer e de projetos, parecendo se sentir sobrecarregada.

Kleo e eu dedicamos algum tempo a refletir sobre o que estava acontecendo e a avaliar como ela poderia fazer escolhas claras alinhadas a seus valores. Por exemplo, em muitas áreas de sua vida, Kleo valorizava tomar decisões arrojadas — além de ter sido uma das primeiras mulheres a atingir cargos altos na empresa em que trabalhava, sair do armário na adolescência tinha lhe deixado claro que sua prioridade era ser coerente com a sua verdade. Ficava mais feliz quando celebrava o que a fazia única do que quando procurava se controlar para se encaixar em alguma situação.

Durante a reforma da casa, no entanto, Kleo se sentia morta por dentro ao acessar sites como o Pinterest em busca de inspiração. Ela se sentia limitada pelas regras que estipulavam como uma "casa dos sonhos" deveria parecer. A reforma da cozinha estava mexendo com questões que haviam sido enterradas. Kleo tivera uma infância pobre e morara em um apartamento pequeno com cinco irmãos. Seus pais não tinham dinheiro para comprar móveis novos, muito menos para fazer uma reforma. Kleo havia se matado de trabalhar para chegar financeiramente aonde estava, e até certo ponto a reforma da cozinha era uma espécie de afirmação de suas conquistas. Mas ela notou algo funcionando em segundo plano em sua mente, algo que a conduzia rumo a uma estética de classe média-alta. Tudo parecia bege, e Kleo se sentia sufocada.

Quando descobrimos o que estava acontecendo, bolamos um plano para que Kleo pudesse reservar algum tempo para que sua imaginação corresse solta. Ela foi à livraria e ficou passeando pelo corredor das revistas, escolhendo cores e temas que a deixavam feliz. Kleo acabou se decidindo por uma ilha bem azul na cozinha e azulejos que a lembravam de sua lua de mel em Porto Rico. Quando se permitiu ser autêntica em vez de seguir "a moda", algo se acendeu dentro de Kleo, lembrando-a de que aquele era um projeto dela. Sim, era verdade que, se sua família decidisse vender a casa, o design da cozinha atrapalharia. No entanto, deixar essa escolha evidente — colocando ousadia e autenticidade acima de prudência e autocontrole — era uma atitude alinhada com os valores de Kleo. Embora não tivesse se entusiasmado tanto com a cozinha azul, Melanie ficou radiante ao ver os olhos de Kleo brilharem outra vez e se alegrou em concordar com ela.

É empolgante essa clareza que acompanha o processo de tomar uma decisão lúcida e de compreender os motivos. Quando você faz uma escolha proativa, em vez de sentir que sua vida é decidida por você, está praticando autocuidado de verdade.

Amarras sistêmicas estão sempre operando de maneira visível ou invisível (especialmente se você for de um grupo marginalizado). Portanto, a habilidade de tomar uma decisão clara quanto ao que fazemos com nosso tempo é um privilégio, por si só. De novo, é por isso que o autocuidado de verdade tem o potencial de ser um ato transformador; fazemos uma mudança interna e rejeitamos mensagens culturais tóxicas que recebemos por tempo demais.

Quando você põe um valor acima do outro, como Kleo fez na reforma da cozinha, é compreensível que seu cérebro acabe supervalorizando certas palavras (ajuda, conexão, amor) e subvalorizando outras (ambição, liberdade, leveza). No entanto, lembre-se de que o trabalho de identificar seus valores está enraizado no fato de que somos todos diferentes —

e é nessa diferença que reside nosso poder. Kleo, por exemplo, se viu presa ao que "deveria" querer. A identificação excessiva com os "deveria" — seja em relação a uma reforma na cozinha ou em uma decisão crucial, como a carreira profissional ou ter ou não filhos — sempre nos afasta de nossos valores. Quando estou trabalhando com pacientes, em geral há uma linha clara que vai de "bom, eu deveria querer..." a "todo mundo está fazendo...". É da natureza humana querer se encaixar na família, na comunidade ou na cultura, e se todo mundo em volta escolhe uma ilha bege é compreensível que você às vezes esqueça que nem gosta dessa cor. Articular claramente nossos valores para nós mesmas nos ajuda a neutralizar os "deveria" e as comparações.

Se você já está se culpando pela tendência a querer se encaixar, não faça isso. É um instinto natural, que exige atenção e prática para ser controlado. Pesquisadores da Universidade Johns Hopkins descobriram que crianças de dois anos alteram suas decisões com base na influência social de seus pares.[2] Esse estudo destacou como as crianças, mesmo tão novas, compreendem que é socialmente vantajoso seguir a maioria. Embora esse mecanismo de defesa adaptativo com certeza tenha ajudado do ponto de vista evolutivo, hoje não nos serve da mesma maneira, pois o que nos torna únicos é importante para nosso bem-estar.

PARA TREINAR: SUA FESTA DE ANIVERSÁRIO

Você vai fazer uma festa de aniversário com um orçamento de duzentos dólares. Pense em como seria e em como vai tomar as decisões necessárias. Com um orçamento apertado, que escolhas precisa fazer? Quantas pessoas vai convidar? Vai pedir que cada um leve alguma coisa? Onde vai ser? Vai ter um tema? Tome cuidado para não se prender aos "deveria" — trata-se de uma festa de aniversário imaginária, e a ideia do exercício é permitir que seu cérebro imagine como seria, sem julgamentos. Agora responda às seguintes perguntas:

1. Imagine a festa em si. Escreva de três a cinco valores que saltam aos seus olhos e descrevem como tomou suas decisões. Se precisar de ajuda, use a lista de valores apresentada neste capítulo. Lembre-se de que não há respostas certas, apenas o que é certo para você.

2. O que é mais importante para você: a apresentação do evento (onde acontece, quem foi convidado, qual é a comida) ou como você e os convidados se sentem? Como você pesa um e outro?

Este exercício não apenas destaca os valores que você pode acrescentar a sua lista, como é um lembrete de que não existem duas pessoas que fariam as mesmas escolhas em uma festa de aniversário. Não existe "maneira certa" de comemorar, assim como não há "maneira certa" de viver sua vida.

COMBINE SEU EXTERIOR COM SEU INTERIOR

Alguns anos atrás, minha paciente Jolene me procurou, perturbada. Ela tinha vinte e poucos anos e todas as suas amigas estavam ficando noivas e cavalgando rumo ao pôr do sol com um suposto príncipe. Enquanto isso, Jolene nunca tivera um relacionamento sério.

"Dra. Lakshmin", ela disse, "não há esperança para mim. Estou destinada a viver sozinha para sempre."

Com uma boa dose de compaixão, eu disse: "O que te faz acreditar que quando você encontrar a pessoa certa vai cavalgar rumo ao pôr do sol e viver na moleza do 'felizes para sempre'?".

Jolene nunca havia pensado nisso. Ela equiparava atingir um objetivo — encontrar alguém com quem começar uma família — à felicidade absoluta. Não tinha parado para pensar em quem ela era além dos marcos esperados nem que atingir esses objetivos não era nenhuma garantia de que seria feliz de verdade.

Na terapia, nos dedicamos a redirecionar Jolene: de alguém que se sente mal por ser solteira a alguém que pratica o que a deixa realizada. Ela começou a compreender que um namorado ou um marido não faria com que ela mudasse de repente, nem resolveria tudo. Na verdade, o trabalho complicado de aprender a integrar uma parceria adulta começaria assim que o relacionamento tivesse início.

Muitas de nós perdem tempo pensando "Quando eu for promovida, serei uma versão nova e melhorada de mim mesma", ou "Quando tiver dinheiro, as coisas vão ficar um pouco mais fáceis e poderei ser feliz". Por um lado, a segurança econômica e a estabilidade em um relacionamento são empreendimentos reais que oferecem vantagens sistêmicas. No entanto, não se trata de panaceias para o que um conhecido meu chamou de "problemas da vida".

Curiosamente, quando começou a explorar seus próprios interesses e paixões, Jolene se deu conta de que estava procurando um companheiro nos lugares errados. Amigos e familiares viviam apresentando caras certinhos de Wall Street para ela, mas, por dentro, Jolene era uma pessoa brincalhona e um espírito livre. Ela não se levava a sério demais. Adorava fazer os outros rirem. Então começou a ir a shows de comédia por toda a cidade e conheceu pessoas de círculos criativos. Jolene acabou saindo com um cara que vivia de fazer violões, mas que gostaria de ser comediante. Quando estava com ele, sentia que podia ser ela mesma. Por fora, sua vida não parecia com o que imaginara para si mesma — casar-se com um homem sem estabilidade na carreira ou o potencial de renda que muitos de seus amigos e colegas tinham implicou uma festa simples e uma lua de mel acampando. Por outro lado, mais do que riscar itens de sua lista, Jolene se sentia feliz e plena com ele.

É arriscado viver de acordo com seus valores, porque suas decisões podem fazer com que você entre em conflito com pessoas próximas, ou que "fique para trás" em métricas culturalmente estabelecidas, como dinheiro, status ou prestígio (ou, de modo inverso, sacrifício pessoal, devoção e cuidado). A questão é: não apenas a cultura (as expectativas externas sobre nós) e sua natureza (o que você quer, precisa, deseja e prefere) às vezes entram em choque, como a cultura muitas vezes impõe sobre as mulheres objetivos contraditórios que ninguém poderia atender ao mesmo tempo — e esse talvez seja o ponto mais importante a compreender. Espera-se que você prepare um jantar de revista toda noite ao mesmo tempo que cuida dos seus pais idosos e sobe na carreira a ponto de conseguir comprar uma casa de férias. Quê? Quando? Onde?

Em seu livro *Por inteiro: O caminho para o seu verdadeiro eu*, Martha Beck escreve sobre sua experiência de fracassar em reconhecer essas contradições.[3] Sobre um momento em que se viu sobrecarregada e criticando a si mesma profundamente, Beck escreve: "Eu estava muito confusa. Não percebi que havia adotado dois conjuntos de crenças que contradiziam um ao outro. Meu erro inocente era não ver essa contradição e tentar cumprir, ao mesmo tempo, as exigências de dois códigos de conduta excludentes entre si".

O antídoto a modos de vida mutuamente exclusivos é se voltar para dentro, em vez de olhar para fora. Use seus valores para compreender com clareza o que você quer e do que precisa para levar uma vida plena.

O trabalho com valores envolve se certificar de que seu exterior corresponda a seu interior. Lucy, que ama arte e precisa ter acesso a espaços abertos, seria muito infeliz trabalhando como advogada corporativa (o que ela fazia); Becca, que busca estrutura e gosta de sentir que está realizando coisas, detestaria passar seu tempo livre tocando em uma banda. Há prós e contras para todas as escolhas — mas ao tomar uma decisão que se alinha com seus valores, com seu interior, você não se importa com o que está perdendo. É só quando sua vida está desalinhada aos seus valores que você se pega em conflito, infeliz, incapaz de se impedir de ver cinco episódios seguidos de *Law & Order: Special Victims Unit*. (Mas, para falar a verdade, eu já passei por isso, e nada se equipara a ver Mariska Hargitay pegando o culpado!)

> **QUANDO BUSCAR AJUDA PROFISSIONAL**
>
> Se você anda com dificuldade de se conectar com seu interior — sentimentos e pensamentos privados —, talvez esteja se comportando de maneira entorpecida. Em geral, quando alguém se sente cronicamente entorpecido, os médicos consideram a possibilidade de um trauma que não recebeu tratamento, ou de vício e abuso de substâncias como álcool. Também é importante considerar o vício que, embora não chegue ao ponto do distúrbio clínico, impede a pessoa de se conectar com seus valores. Isso pode levá-la a se voltar para álcool ou drogas quando os sentimentos parecem intensos demais ou a usar outras técnicas de distração, como fazer compras, fazer apostas, trabalhar demais, comer, fazer sexo ou mesmo se envolver em uma série de relacionamentos conflituosos. Se você está preocupada com uma sensação de entorpecimento que não passa, procure um profissional de saúde mental que possa te avaliar.

TOME DECISÕES DIFÍCEIS

Cerca de seis anos atrás, encarei uma decisão profissional difícil. Eu vinha fazendo carreira acadêmica em saúde mental global na Universidade George Washington. Tive a oportunidade de elaborar um pequeno projeto de pesquisa em Bangalore, na Índia — cidade natal da minha família —, para estudar mulheres com depressão e ansiedade. Outro projeto significativo envolvera terapia testemunhal para ajudar imigrantes sobreviventes de violência íntima por parte do companheiro. Eu trabalhava com a ideia grandiosa de construir uma ponte entre o mundo de que minha família viera e a pesquisa de intervenções terapêuticas que poderiam impactar mulheres de todas as partes.

Simultaneamente, libertada pelo trabalho que havia feito em minha própria terapia e curada do período que passara no culto, eu tinha começado a escrever para sites e blogs pequenos sobre a tirania do autocuidado, a natureza problemática do bem-estar e as amarras que as mulheres encaravam no mundo. Abri um perfil no Instagram no qual contava algumas das minhas lutas pessoais e oferecia educação em saúde mental para meu público, composto majoritariamente de mulheres americanas. Minhas ideias passaram a ressoar em um público mais amplo e encontrei satisfação falando com mulheres que haviam tido experiências semelhantes às minhas e às de minhas pacientes.

Eu sentia que estava sendo puxada em duas direções diferentes — ambas me atraíam e eu tinha as credenciais profissionais para realizá-las bem. Mas a verdade era que seria muito difícil me manter como pesquisadora acadêmica em saúde mental global, financiada por bolsa, e ao mesmo tempo me dedicar a uma escrita mais voltada para o público geral.

Durante essa época da minha vida, gastei uma boa dose de energia compreendendo quais eram meus valores. Como a maioria das pessoas, admito que gosto de receber elogios e ouvir que estou fazendo um ótimo trabalho. Mas, em termos de personalidade, quando olhava de perto para meus valores, o que vinha à tona era criatividade e conexão. Adiei minha decisão por alguns anos, e nesse período me vi esgotada por minhas tentativas de seguir as duas carreiras ao mesmo tempo. Curiosamente, meu esgotamento atuou como uma força esclarecedora, no sentido de que escrever para o público amplo se tornou muito mais fácil do que o trabalho de pesquisa. Os e-mails que recebia de mulheres que liam meu trabalho me davam energia. Eu gostava da relação com um público semelhante às minhas pacientes (e comigo), pessoas que me contactavam pelas redes sociais, e essa relação era algo que me parecia natural. Embora eu gostasse da pesquisa acadêmica porque era curiosa por natureza, quando pensava na política universitária e na perspectiva de me candidatar a bolsas por toda a vida, queria sair correndo. Mais que isso: eu vinha notando que, embora mulheres de países de renda baixa e média sofressem sob um conjunto de fatores diferentes, havia certa sobreposição em relação ao que eu via na minha pesquisa e nas mulheres que tratava em Washington, DC. É claro que uma carreira como autora ou empreendedora não seria fácil, mas ser minha própria chefe me agradava de um modo que uma carreira como pesquisadora acadêmica nunca me permitiria. E eu tinha sorte: como médica, podia me dar ao luxo de receber o suficiente para fazer o que eu tinha escolhido, e meu companheiro tinha plano de saúde, o que me permitiu continuar na terapia.

Depois de alguns anos nessa jornada, comecei a escrever para o *The New York Times* e tive a chance de entrevistar uma das pesquisadoras mais proeminentes da minha área. Eu tremia de nervoso ao telefone e tenho certeza de que fui uma boba no início da nossa conversa. Então fiquei chocada quando ela disse: "Pooja, muito obrigada pelo que está fazendo por nossa área. Seus textos estão chamando atenção para a saúde mental das mulheres de uma maneira muito necessária". Ali estava a maior especialista no tema, que representava o auge do caminho nunca trilhado, me dizendo que meu caminho também tinha seu valor. Embora eu tivesse sido ensinada a pôr certos caminhos em um pedestal — a pesquisa e a medicina acadêmica —, ela me lembrava de que coisas boas acontecem quando todos abraçamos nossos valores e pontos fortes, em vez de tentar seguir uma mentalidade de padronização.

Tenho certeza de que você consegue pensar em momentos na sua vida em que o caminho se bifurcou e foi preciso priorizar o que de fato lhe importava. Talvez no ensino médio, quando teve que escolher entre esportes ou música, ou talvez já adulta, quando teve que escolher entre permanecer na força de trabalho remunerada ou se dedicar à criação dos filhos.

Há duas verdades que devemos ter sempre em mente:

- Diante de uma encruzilhada, escolha um caminho. Se tentar fazer tudo ao mesmo tempo, vai acabar se esgotando e não ficará satisfeita.

- Seu guia para tomar decisões difíceis deve ser interno — seus valores —, e não externos.

PARA TREINAR: O QUE SEI QUE É VERDADE PARA MIM

Preencha as lacunas com a primeira coisa que lhe vier à mente (sem edição!) e anote tudo no celular.

Uma dica: se não conseguir fazer isso sozinha, peça ajuda a alguém próximo — alguém que te conhece muito bem e que pode contribuir com o objetivo de praticar o autocuidado de verdade. Em outras palavras, não escolha um colega de trabalho cri-cri.

1. Minha felicidade atinge o pico quando _____.
2. Me sinto mais como eu mesma quando _____.
3. Estou fadada ao fracasso quando _____.
4. Sei que não posso fazer _____ e ser _____.

Agora leia as frases e veja que valores correspondem às suas respostas. Alguns podem ser contraditórios, e tudo bem. As pessoas são complicadas, e duas coisas que parecem opostas podem ser ao mesmo tempo verdadeiras. Quando estiver diante de uma decisão difícil, volte a essa lista como um lembrete do que sabe ser verdadeiro para você.

A RELAÇÃO ENTRE ANSIEDADE E VIVER DE ACORDO COM SEUS VALORES

Se você abraçar seus valores e não se orientar mais só pelos objetivos, será menos produtiva e realizará menos coisas? A resposta franca e assustadora é *sim* — você será menos produtiva, mas isso é uma coisa boa. Se você é do tipo que passou a vida com objetivos e desempenho em mente, há uma boa chance de ter lidado com certa ansiedade. A ansiedade não é algo ruim — é o que nos tira da cama no horário e nos força a cumprir prazos. No entanto, uma diferença-chave de pessoas que praticam autocuidado de verdade é o desenvolvimento da habilidade de priorizar e fazer escolhas significativas sobre a forma de gastar o tempo. Quando quem comanda é a ansiedade, tudo parece muito importante, e chegar a encruzilhadas pode parecer um fracasso.

De maneira um tanto paradoxal, quando você começa a tomar decisões alinhadas com seus valores, pode se tornar menos produtiva e não ser mais capaz de atender às necessidades das pessoas a sua volta com a mesma pontualidade ou preocupação. A princípio, isso pode causar *mais* ansiedade em você. No entanto, no longo prazo, você vai fazer menos das coisas que mais importam para os outros (ou para a sociedade) e mais das coisas que mais importam para você.

DIGERIR O QUE ESTÁ A SUA FRENTE

Quando você se concentra nos objetivos, passa tempo demais na parte do seu cérebro que soluciona problemas — em vez de desfrutar da sensação boa que vem quando os objetivos são alcançados. Em outras palavras, você corre o risco de se tornar insensível ou indiferente às coisas boas da vida. Assim, para se livrar do vício em objetivos e se conectar com seus valores, é preciso viver e internalizar suas conquistas. A prática da gratidão ajuda nesse processo. Penso na gratidão não como elencar todas as bênçãos que recebeu, mas como uma forma de digestão, ideia derivada dos ensinamentos budistas.

Jack Kornfield, mestre budista ocidental e escritor, disse: "Podemos nos perder em um estado menor de consciência — o que na psicologia budista é chamado de 'corpo do medo', que traz sofrimento para nós e para os outros — ou podemos trazer à vida a qualidade do amor e da estima, o que eu chamaria de gratidão. Com isso, vem uma espécie de confiança".[4] Quando prestamos atenção nos frutos do que já temos na vida — sejam pequenos prazeres, como uma xícara de café pela manhã, ou conquistas maiores, como uma promoção no trabalho ou uma família saudável —, nós nos envolvemos ativamente com o que é real e verdadeiro em nosso mundo. E a realidade é que, para todas nós, o bom e o ruim andam juntos, não importa quão esgotadas estamos no momento. O propósito da gratidão nesse contexto não envolve positividade tóxica ou autoilusão. Em vez disso, a gratidão é uma prática para sintonizar sua atenção ao que você tem, para que possa apreciar as coisas boas que virão. Quando lhe falta essa habilidade, você foca nas coisas ruins e mesmo quando um presente aparece na sua porta só se preocupa que veio na embalagem errada.

Todas podemos chegar a certo ponto no qual não conseguimos mais absorver coisas boas. Quando as coisas boas acontecem na vida, há sempre uma maneira de ficar insensível a elas. Você se mata de trabalhar para comprar sua casa dos sonhos. Depois de alguns meses morando nela, faz parte da rotina. Você começa a esperar por algo maior, melhor. Por que isso acontece? Em parte porque nos acostumamos. Mas também porque não passamos tempo o suficiente de maneira regular para *digerir* as coisas boas. Compramos a ilusão de que o próximo objetivo vai resolver todos os nossos problemas e acabar com nossas inseguranças. Quando você não digere, fica cheia, inchada e irritadiça. Não aguenta mais. Continua acumulando experiências ou coisas, sem que elas lhe satisfaçam.

Uma paciente minha que se sentia pressionada pelas gerações que a antecediam e sucediam (cuidava dos filhos adolescentes e dos pais idosos ao mesmo tempo) experimentou qual era a sensação de notar as coisas boas da vida e de valorizá-las. Ela vinha se sentindo cada vez mais atolada em meio ao fluxo constante de atividades, consultas médicas e obrigações, e incapaz de nutrir bons sentimentos em relação à família. Então, uma noite, pegou-se sentada em torno de um jogo de tabuleiro na mesa da cozinha com seus pais e seus filhos, todos se provocando e se divertindo muito. Em nossa sessão, a paciente me contou como foi gratificante observar aquela conexão profunda entre gerações da família e saber que o tempo que dedicava a levar todo mundo de um lado para o outro tornava aquilo possível. Ela internalizou o que havia de bom naquilo e se sentiu satisfeita.

É só quando você reconhece inteiramente a riqueza na sua vida que está pronta para receber mais. E algo engraçado acontece quando se começa a apreciar e digerir o que há de bom: você se dá conta de que o que tem no momento é tão bom quanto o que poderá vir a ter no futuro.

PARA TREINAR: PERMITINDO-SE APROVEITAR AS COISAS BOAS

Pode ser difícil reconhecer as coisas boas no momento e digeri-las em tempo real. É mais fácil fazer isso em relação ao passado — enxergamos melhor em retrospectiva. Com este exercício, você vai desenvolver suas habilidades de digestão refletindo sobre coisas boas do passado e os valores que as acompanhavam. Depois, vai relacionar isso com coisas boas da sua vida atual.

1. Cite algumas experiências ou momentos bons dos últimos anos. Tente selecionar coisas importantes, como conhecer seu companheiro ou começar no trabalho dos sonhos, e coisas menos importantes, como aquela vez que você leu um livro inteiro de uma vez só, sentada na varanda de casa.

2. Agora, com a visão e a perspectiva que tem hoje, imagine-se conversando consigo mesma enquanto passa por esses momentos. O que gostaria de saber na época? A que se apegaria? O que compartilharia com aquela versão de você sobre o que havia de importante em tais momentos?

3. Dê um passo além e mencione valores. Naquele momento você estava vivendo algum valor que gostaria de

nomear agora? O que era *mais importante* para você e na época não conseguia ver, e agora consegue? Você é capaz de identificar o valor associado?

Todos temos experiências boas, mas raras vezes paramos e refletimos por que causam sensações tão boas. Reservando-nos tempo para nomear nossos valores explicitamente, podemos usá-los para embasar decisões futuras, a fim de nos preparar para mais experiências verdadeiramente satisfatórias.

CANALIZE FLEXIBILIDADE QUANDO SEUS VALORES MUDAREM

Quando eu tinha trinta e poucos anos, já tendo passado por um divórcio, estava convencida de que um segundo casamento e crianças não eram para mim. Em nosso segundo encontro, eu disse a meu companheiro atual, Justin, que eu queria levar uma vida errante e que nunca, nunca mesmo, teria filhos. Ele topou, e vivemos com liberdade e independência até chegar perto dos quarenta.

Agora, anos depois, aqui estamos nós, proprietários de uma casa em Austin, começando uma família. Quando eu tinha trinta e poucos anos, independência a liberdade eram meus valores primordiais. Eu precisava de espaço para me explorar de verdade — minha sexualidade, minha criatividade, minha compreensão do mundo. Cresci em uma cultura que não dava espaço para meninas e mulheres, portanto encontrei uma maneira de fazer isso (de forma um pouco destrutiva, a princípio). Com o tempo, no entanto, as prioridades mudaram.

Nossos valores estão sempre mudando. Não é uma contradição — é a natureza humana. Em momentos diferentes da vida você terá prioridades diferentes. Isso não diminui a importância de um conjunto de valores, é só um sinal de mudança e crescimento.

Mesmo agora, prestes a ter um bebê, estou em meio a outra transição e mudança de valores. Devido a minhas experiências passadas, enquanto meus amigos construíam uma família eu passei a maior parte dos meus trinta anos ambivalente em relação à maternidade e sem conseguir me imaginar desempenhando esse papel. Tampouco queria me apressar no meu relacionamento com Justin. E conquistei o sucesso profissional que tive até agora porque aqueles anos críticos da minha vida foram exclusivamente meus. Morro de medo de, quando me tornar mãe, perder o que construí. É um medo compreensível e normal — sempre que nossos valores se alteram, podemos nos sentir inseguras ou incertas.

Quando qualquer uma de nós entra em uma nova época da vida, carrega consigo alguns valores, ainda que eles possam se manifestar de maneira diferente. Por exemplo, uma paciente que trabalha com design gráfico valoriza profundamente a criatividade e o trabalho em conjunto. Ela personifica esses valores tanto quando está com sua equipe como nos domingos à tarde, quando trabalha no jardim com seu companheiro e ambos decidem o que plantar e onde, criando um jardim que tem efeito calmante. Nomear e reconhecer a continuidade em seus valores dá a ela uma sensação de estabilidade.

Esses momentos de transição são períodos frutíferos quando se trata de identificar nossos valores. Quando está entre "aqui" e "ali", você tem a oportunidade única de imaginar o que vem a seguir e tornar seus valores ainda mais explícitos. Dessa forma, reivindica a propriedade de suas decisões.

Agora que você completou as seções "Para treinar" deste capítulo, acrescente na lista que fez inicialmente os valores que lhe vêm à mente. Tenha à mão essa lista enquanto conhece o próximo passo na prática do autocuidado de verdade, que trata de como desenvolver sua bússola.

BÚSSOLA DO AUTOCUIDADO DE VERDADE

Você já deve ter ouvido falar no conceito de seguir sua estrela-guia. Líderes costumam falar em estrela-guia como uma declaração de uma visão pessoal — seria uma espécie de lema que ajuda a tomar decisões ao longo da vida. No entanto, como sabemos, é comum que nossos valores se alterem conforme passamos por transições na vida. Alguns permanecerão os mesmos e novos surgirão. Portanto, em vez de procurar uma estrela-guia, quando se trata de autocuidado de verdade, quero que você tenha uma *bússola pessoal*. Uma bússola permite que os valores e as prioridades mudem, por isso será sua melhor guia na prática do autocuidado de verdade.

Para acompanhar esta seção do livro, você vai precisar de pelo menos uma hora sozinha. Procure esvaziar a mente e ir para um lugar onde possa se concentrar. O trabalho interno de se conectar com seus valores e tomar decisões baseadas neles nem sempre será fácil. Se você está tendo um daqueles dias em que só quer se jogar no sofá e ver Netflix, tudo bem. Descanse e volte depois para a sua bússola, quando tiver energia para tal.

A bússola do autocuidado de verdade se baseia em três perguntas: O QUÊ, COMO e POR QUÊ.

Começamos identificando O QUÊ. Escolha um objetivo para três áreas de sua vida: o pessoal, o trabalho ou o estudo e a família. Esses são seus OS QUÊS.

Em seguida, com sua lista de valores à mão, reflita COMO pretende conquistar esses objetivos. Lembre-se do exercício da festa de aniversário: há muitas maneiras diferentes de atingir seus objetivos, a chave aqui é identificar com clareza como *você* quer fazer isso, e não como a chefia ou seus pais querem.

Depois de esclarecer o COMO, pense no PORQUÊ. O PORQUÊ é seu manifesto pessoal e dialoga com a verdade que lhe dá sustentação e faz você — e só você — se sentir realizada.

Para te dar uma ideia de como isso funciona, estas são as versões que usei para começar a escrever este livro e durante minha jornada na fertilização in vitro.

O QUÊ: (*Meu objetivo*) Escrever um livro sobre como entendemos o autocuidado de forma errada e o que deveríamos fazer.

COMO: (*Meus valores*) Com ousadia, autenticidade e compaixão por mim mesma e minhas leitoras.

POR QUÊ: (*Meu manifesto pessoal*) O que me sustenta é a conexão, o diálogo significativo e a compreensão do meu mundo interno e do mundo interno de outras pessoas.

O QUÊ: Expandir minha família.

COMO: Com compaixão por mim mesma, flexibilidade e confiança.

POR QUÊ: O que me sustenta é assumir o risco de desempenhar novos papéis, descobrir mais sobre mim mesma e aprofundar meu relacionamento com Justin.

O QUÊ: Aprender a andar de patins.

COMO: Com empolgação, a mente aberta e curiosidade.

POR QUÊ: O que me sustenta é a exploração, a novidade e ensinar a mim mesma a fazer coisas novas.

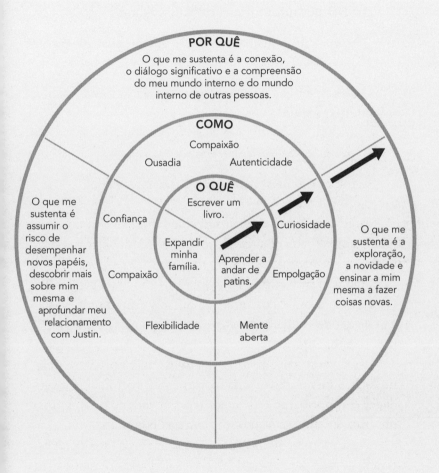

Agora é sua vez.
Escolha um objetivo para estas áreas da sua vida:

1. Família.
2. Trabalho ou estudo.
3. Pessoal.

Agora preencha COMO e POR QUÊ para cada área, usando o seguinte modelo:

- COMO: *Seus valores (com compaixão, ousadia, _____).*
- POR QUÊ: *Seu manifesto pessoal (o que me sustenta é _____).*

Note que O QUÊ pode ser um objetivo de vida importante (por exemplo, meu objetivo de ter um bebê) ou objetivos relativamente pequenos (por exemplo, meu fascínio por patins).

Agora, transfira para a bússola em branco na página 213 seus O QUÊ, COMO e POR QUÊ. Sua bússola é uma representação visual de seus objetivos, valores e manifestos pessoais, tudo combinado.

Você vai notar que seus objetivos estão no centro dela, no espaço menor da bússola, porque no autocuidado de verdade, como sabemos, os objetivos são secundários. O que nos guia são nossos valores, no espaço maior, externo.

Por exemplo, quando comecei a escrever este livro, estava inspirada para aprender a andar de patins. Tinha acabado de me mudar para Austin e queria um hobby novo que me fizesse ser mais ativa e me estimulasse a sair mais. Devo dizer que já tinha um par de patins — comprado seis meses antes e que ainda não havia saído da caixa. Peguei meus valores e meu manifesto pessoal para o objetivo de andar de patins e trouxe ambos para a minha vida no ano em que estava escrevendo este livro e tentando expandir nossa família. Tentei não ser rígida com o processo de escrita e edição (*mente aberta*) e me perguntei como o autocuidado de verdade aparecia nas minhas pacientes e em mim enquanto vivia o processo de fertilização in vitro (*curiosidade*). Muitas vezes lembrei a mim mesma que fazer coisas novas — como escrever meu primeiro livro — é difícil, mas que sempre foi algo que eu desejei (*exploração e novidade*). Assim, é possível praticar o autocuidado de verdade enquanto se trabalha rumo a seus objetivos.

BÚSSOLA DO AUTOCUIDADO DE VERDADE

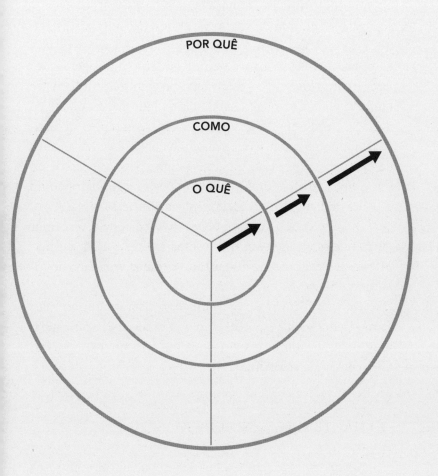

Use sua bússola do autocuidado de verdade como guia em decisões cotidianas — como gastar seu tempo e sua energia, por exemplo —, mas também quando estiver contemplando decisões de vida mais amplas. Quando estiver diante de um pedido difícil de amigos ou familiares, volte a sua bússola para se lembrar de suas prioridades. Quando estiver planejando ou considerando a possibilidade de fazer uma viagem, use sua bússola para definir que tipo de viagem quer fazer e como (ou se) vai passar o tempo com sua família. Você também pode consultar sua bússola quando estiver diante de decisões mais importantes para sua vida, como uma mudança de emprego ou de casa. Mantenha cópias dela em lugares de fácil acesso (por exemplo, salve como papel de parede do seu celular ou afixe uma versão impressa na geladeira ou no espelho do banheiro). A ideia é internalizar essa visão.

Quando conquistar um objetivo, você pode acrescentar outro que se alinhe com os mesmos valores e com seu manifesto pessoal ou reformular tudo e tomar uma direção totalmente nova.

Você também pode expandir essa lista incluindo mais áreas da sua vida — por exemplo, a saúde física ou espiritual —, ou separar os relacionamentos com amigos e pessoas que não são da sua família.

MANTENDO-SE NO CURSO

Agora que você tem sua bússola e pode usá-la como guia ao tomar decisões, é natural se perguntar se ela está te conduzindo para o caminho certo quando se trata da prática do autocuidado de verdade. Para se manter no curso, você vai precisar continuar praticando os outros princípios. Fique de olho nas três bandeiras de alerta da página 102. De vez em quando, avalie onde se encontra retornando ao termômetro da página 111.

E lembre-se: não tome o autocuidado de verdade nem a bússola como uma religião. Ofereço guias e estruturas aqui, mas encorajo você a adaptar essas ferramentas para que funcionem no seu caso. O autocuidado de verdade não é algo que se faz — é um *modo de ser*.

Para ver isso na prática, vamos voltar a minha paciente Rochelle, que aprendeu a estabelecer limites com a família, mas ficou sem saber o que fazer com o tempo que abriu para si. Em nosso trabalho terapêutico, identificamos um valor consistente em diferentes aspectos de sua vida: a autoexpressão. Juntas, pensamos em formas de trazer à tona o valor da autoexpressão em sua vida. Rochelle se lembrou de que, quando pequena, costumava escrever um diário. Conforme foi crescendo e ficando cada vez mais ocupada, ela parou de reservar tempo para escrever. Em nome do autocuidado de verdade, Rochelle passou a dedicar uma hora por semana à escrita. De início, ela escreveu um diário, registros que fazia só para si mesma. Com o tempo, decidiu enviar ensaios curtos para blogs e sites. Não era um trabalho remunerado, e sim um hobby que a sustentava e a fazia se sentir realizada, e que estava alinhado a seus valores centrais. Em paralelo, no trabalho, Rochelle começou a se colocar mais e pediu um aumento na avaliação anual — concretizando, de novo, o valor da autoexpressão. Assim, defendia o que lhe era importante. Através de uma identificação explícita de valores, Rochelle compreendeu que podia decidir como gastava seu tempo e sua energia.

Essa sensação de controle da própria vida é o objetivo do autocuidado de verdade. Depois que você a sentir, nunca mais vai querer perdê-la.

PARECE ÓTIMO, MAS...

O que eu faço quando parece impossível tomar decisões com base nos meus valores, porque todos ficariam decepcionados ou bravos comigo?

Quando se trata de valores e de praticar o autocuidado de verdade, 99% das perguntas que recebo estão relacionadas (outra vez!) ao seguinte aspecto: como abordar a frustração dos outros. É por isso que aprender a estabelecer limites e lidar com a culpa é o primeiro princípio do autocuidado de verdade.

Vivemos em um sistema que nunca ofereceu às mulheres uma gama completa de opções. Nossas estruturas sociais construíram um ambiente fundamentado no trabalho não remunerado da mulher. Assim, por definição, quando você passa a deixar de concordar alegremente com todos a sua volta e começa a tomar decisões com base em seus próprios valores, as pessoas vão reagir. Se você notar alguma raiva por parte das pessoas que não te valorizavam ou esperavam que você se martirizasse por elas, é um sinal de que está no caminho certo. Quando você sentir que é impossível usar sua bússola ou que ela decepcionaria gente demais, trata-se de um sinal para retornar ao capítulo 5 deste livro e renovar seu comprometimento com a prática de dizer *não*. Também é hora de demonstrar mais compaixão consigo mesma (ver capítulo 6), pois sua crítica interna pode estar impedindo você de fazer escolhas alinhadas com sua bússola.

Aqui, eu também gostaria de recordar o princípio do "nós". Você se mostrar mentalmente bem e mais cheia de vida é melhor para as pessoas que realmente estão no seu time (seus filhos, companheiros, amigos mais próximos). Não fazem parte do "nós" as pessoas que não encaram o seu bem-estar como algo positivo acontecendo também na vida delas. Isso talvez signifique que você precisa de distância desses relacionamentos para praticar o autocuidado de verdade. Reserve-se tempo para sofrer com a perda e para se lembrar de que as pessoas saudáveis e completas apoiarão você. Ver-se incapaz de se desemaranhar de um relacionamento que você sabe que está em descompasso com sua prática do autocuidado de verdade pode ser um indício de que é melhor procurar ajuda profissional.

Entendo que valores sejam importantes, mas me sinto tão bem no modo produtivo, riscando objetivos da minha lista... Isso é ruim?
A produtividade se torna tóxica quando você não identifica os valores que estão por trás de seus objetivos. É por isso que a bússola do autocuidado de verdade é uma ferramenta tão importante. Com ela, seus objetivos são secundários e seus valores são primordiais — COMO e POR QUÊ. Isso não significa que não nos importamos com os objetivos — riscar tarefas e marcos de uma lista tem seu valor. Quando você conquista um objetivo, experimenta uma sensação de que concluiu e resolveu as coisas. Não é ruim querer essa estabilidade e precisar dela. Só se torna um problema quando você perde de vista *por que* se importa com um objetivo.

Você se lembra de Anita, do capítulo 2, proprietária de um pequeno negócio e mãe de três filhos? Ela estava sempre atrás da última estratégia organizacional ou aparato para economizar tempo. Anita mantinha o foco nos seus objetivos, dizendo que o propósito de sua obsessão por produtividade era conseguir mais tempo para si. No entanto, o intervalo para descansar ou recarregar as baterias nunca chegava, porque ela era viciada em sua lista de pendências. É esse tipo de foco exagerado na produtividade que estamos tentando evitar, e não a produtividade como um todo.

CHECKLIST DOS VALORES

- Objetivos são tangíveis e podem ser riscados da lista, enquanto valores são modos de ser — seu **COMO** e **POR QUÊ**.
- Na tomada de decisões difíceis, volte-se para seus valores em vez de procurar a resposta em amigos, colegas ou parentes.
- Você vai saber que está alinhado com seus valores quando seu exterior corresponder a seu interior.
- Evitar momentos em que há bifurcações no caminho pode ser resultado de uma desconexão com seus valores.
- Digerir as coisas boas na sua vida (do passado e do presente) abre espaço para mais coisas boas.
- É normal que os valores mudem ao longo da vida.

8. Autocuidado de verdade é uma afirmação de poder
Reivindicando o que é seu e reformulando o sistema

> *Às vezes, as pessoas tentam destruir você justamente porque reconhecem seu poder — não porque não o veem, mas porque veem e não querem que ele exista.*
>
> bell hooks

Se, nas palavras de Audre Lorde, o autocuidado de verdade é uma luta pela autopreservação e pela autoexpressão, em consequência precisamos de práticas que nos ajudem a ficar em contato com nosso próprio poder. Os sistemas de opressão vencem nos abatendo e nos desprovendo de significado e esperança — eles nos convencem de que somos impotentes diante deles. Cabe a nós ser inflexíveis para reformular nossa narrativa como uma narrativa de poder, assim mantemos nossa autonomia e podemos implementar mudanças no ambiente de trabalho, em nossos relacionamentos e nos sistemas.

Por favor, não confunda isso com positividade tóxica — termo usado quando encobrimos as dificuldades e os sentimentos negativos em nome de uma positividade forçada. Embora comentários como "tudo acontece por um motivo" ou "podia ter sido pior" em geral sejam acompanhados de boas intenções, eles não ajudam em nada e ainda ignoram a realidade da perda, do trauma e das lutas reais de qualquer pessoa que não ocupa posições privilegiadas na sociedade. A positividade tóxica é a necessidade esmagadora de deixar de lado as dificuldades, dores e perdas que você ou outros experimentam e resumir tudo a uma ideia bonitinha: "Aprendi muito com isso" ou "Agora eu entendo". O uso da positividade tóxica é outro exemplo de nosso desconforto com nuances e de nosso desejo de seguir logo em frente em vez de refletir e sentir.

Sentir-se mal é compreensível, além de útil também. Para sentir as coisas boas da vida, também precisamos sentir as ruins. É impossível ter um sem o outro — de outra forma, você se arriscaria a tornar-se apática e entorpecida. Isso porque as mesmas partes do cérebro que nos permitem sentir coisas boas — como empolgação, alegria, felicidade — também nos permitem sentir coisas ruins — como raiva e dor. Quando você bloqueia os sentimentos negativos, está inadvertidamente bloqueando também sua capacidade de experimentar sentimentos positivos.

Aqui, pode ser útil compreender a distinção entre otimismo e esperança. A maneira mais comum de considerar a esperança está equivocada — esperança não é sinônimo de otimismo. O cientista social Arthur C. Brooks escreveu que esperança significa "acreditar que você pode tornar as coisas melhores sem distorcer a realidade".[1] Pesquisadores descobriram que, enquanto o otimismo é uma sensação de que vai ficar tudo bem, as pessoas esperançosas compreendem que, mesmo que as coisas não fiquem bem, elas são capazes de melhorá-las para si mesmas e para os outros.[2] Pessoas esperançosas não fingem que coisas ruins não estão acontecendo — elas compreendem que para avançar precisamos integrar o bom e o ruim.

COMO AS ESCOLHAS PESSOAIS LEVAM À MUDANÇA SISTÊMICA

Quando escrevi um texto para a série "The Primal Scream" do *The New York Times*, sobre o que as mulheres estavam sentindo — que era *traição*, e não esgotamento —, uma leitora comentou: "O problema parece o conflito entre ter paz interior e criar mudanças na sociedade". Essa perspectiva faz sentido, e eu mesma achava isso. Se as mulheres estão desesperadas atrás de soluções de bem-estar por motivos que são estruturais e sistêmicos, é razoável perguntar qual é a relação entre mudança pessoal e mudança social.

Um sistema só muda depois que uma massa crítica de indivíduos muda — em outras palavras, *mudanças internas e individuais feitas por parte de muitas pessoas são um pré-requisito para a mudança sistêmica*. O individual e o sistêmico devem andar juntos, mas a boa notícia é que podem formar um ciclo de feedback positivo por meio do qual mudanças individuais inspiram e dão permissão para que mais mulheres passem por mudanças internas, o que por sua vez faz pressão para que o sistema se reorganize. Assim, mesmo os marginalizados podem lutar contra o sistema que nos oprime.

Vamos pegar o exemplo de Mikaleh, do capítulo 3, cuja decisão pessoal de tirar uma licença para cuidar da saúde mental levou a mudanças organizacionais na empresa em que trabalhava. Para dar esse passo, Mikaleh teve que praticar o autocuidado de verdade: (1) reconhecendo que cabia a ela estabelecer limites e reconciliar a dialética — Mikaleh podia ser uma boa funcionária E tirar uma licença para cuidar de sua saúde, podia amar o pai E pedir aos irmãos que contribuíssem; (2) abrandando a narrativa interna de que era fraca e estava fracassando, e encarando suas preocupações de retaliação, especificamente em torno de sua identidade como mulher negra no ambiente de trabalho; (3) identificando seus valores, que incluíam cuidar da saúde mental; e (4) exercendo seu poder, que no caso significava aproveitar os benefícios da empresa.

Também vimos isso acontecer no âmbito internacional. No decorrer de apenas três meses em 2021, duas das maiores atletas do mundo chocaram a todos fazendo algo extraordinário. Naomi Osaka, a atleta mais bem paga no mundo, e Simone Biles, ginasta de elite e medalhista de ouro olímpica, optaram por não participar de competições: Osaka do campeonato de tênis Aberto da França, alegando problemas de saúde mental, e Biles das disputas individuais nas Olimpíadas de Tóquio, após sofrer uma crise de ansiedade durante a disputa por equipes.

Aqui, duas mulheres negras jovens, líderes poderosas no auge, demonstraram ter poder e clareza mental para se colocar em primeiro lugar — apesar dos fãs, da pressão e da possibilidade de ganhar mais dinheiro e fazer mais sucesso. Tanto Osaka como Biles pagaram um preço por fazer essa escolha difícil — muitos as criticaram duramente pela decisão de priorizar a saúde mental. No entanto, muitos outros as elogiaram por defenderem o autocuidado. Assumir o autocuidado de verdade e dizer *não* diante de riscos tremendos sempre tem seu preço, mas esse preço é menor do que o que as pessoas pagariam se seguissem em frente e se martirizassem.

Também quero chamar atenção para o que discutimos no capítulo 1. A história do autocuidado chegando aos olhos do público começa com um dos grupos mais marginalizados da sociedade americana — as mulheres negras dos anos 1960. Com frequência, são as pessoas mais vulneráveis que carregam o fardo de promover a mudança — porque, como apresentamos antes, ela raras vezes ocorre de cima para baixo. Assim, não deveríamos perder de vista o fato de que são as mulheres negras que estão nos mostrando que o autocuidado é não só possível, mas necessário. Especialmente para pessoas marginalizadas nos Estados Unidos, o autocuidado de verdade é um ato radical e crucial para recuperar o poder de sistemas opressivos.

Não posso dizer que conheço o processo interno pelos quais ambas as atletas passaram, mas, de fora, é bastante parecido com o autocuidado de verdade. Osaka e Biles oferecem exemplos poderosos de como a mudança pessoal, ver a si mesma de maneira diferente e agir publicamente transformam a estrutura de poder de um sistema. Por exemplo, ainda há um longo caminho para que os esportes profissionais reconheçam a importância da saúde mental dos atletas, mas agora isso está sendo debatido. Depois que Biles tomou sua decisão, uma paciente comentou comigo que, ao falar com amigos como estava impressionada com a escolha de Biles, acabara revelando sua própria luta contra a depressão. E a conversa levara uma das outras pessoas a pedir indicação de terapeuta. Isso é *poder*. Quando uma pessoa dentro de um sistema há muito em funcionamento dá um passo atrás e interage com ele de maneira diferente, ela serve como um para-raios. Ao fazer isso, dá permissão a todos os outros no mesmo sistema para que questionem como ele opera e se tal modo de operação os beneficia.

Não há dúvida de que o sistema em que todos nós vivemos torna tremendamente difícil fazer escolhas em nome do autocuidado de verdade. Nas páginas a seguir, vou apresentar técnicas psicológicas que vão ajudar a manter contato com seu poder e a permanecer esperançosa diante da adversidade. Essas ferramentas foram pensadas para lembrar que o autocuidado de verdade é uma luta contra os sistemas. Elas vão ajudar você a ter em mente seu poder quando se sentir para baixo ou quando parecer impossível exercer sua escolha.

ABRACE A IDEIA DE "AMBAS AS COISAS, E..."

No período sombrio depois que deixei o culto e encarei a perspectiva assustadora de voltar ao mundo médico, recorri a um mentor psicanalista atrás de conselhos e consolo. Perto do topo da lista de questões que eu levei para ele estava: ter feito parte daquele culto dizia algo sobre o meu caráter? Lembro que disse: "Sou uma fracassada que desistiu da residência por covardia, caiu em um golpe e arruinou a própria vida? Ou sou uma mulher corajosa com pensamento de vanguarda que encontrou algo singular e teve a coragem de seguir seu instinto?". Como um bom psicanalista, ele respondeu com outra perguntar: "O cavalo no jogo de xadrez é um pequeno objeto de madeira sem vida ou um jogador poderoso que pode mudar o panorama do jogo?". A resposta, claro, era: *ele é ambas as coisas.*

Precisei de muitos anos de psicanálise para internalizar esse paradoxo. No meu caso, a pergunta que me assombrou por um longo tempo foi, basicamente: "Sou uma pessoa boa ou uma pessoa ruim?". Por um lado, eu não havia feito nada de errado de forma consciente, embora tivesse dado legitimidade ao culto só de ter estado publicamente envolvida com ele. Isso me deixava envergonhada e fazia com que eu me sentisse culpada. Por outro lado, naquela época da minha vida, eu acreditava na prática que o grupo ensinava —

a meditação orgástica. Foi algo que me curou de maneiras profundas — a relação com meu corpo, a compreensão de mim mesma, a relação com o trauma de trabalhar no sistema médico. No tempo que passei ali, conheci neurocientistas pioneiros do laboratório da Universidade Rutgers, que me acolheram. Passei dois anos aprendendo o que acontece com o cérebro das mulheres durante o orgasmo. Agora, parte da minha prática clínica é cuidar de mulheres que sofrem de dor gênito-pélvica e problemas de saúde sexual.

Quando deixei o culto, estava deprimida, assustada e flertava com o suicídio. Corri de volta para o sistema que conhecia: a medicina e a academia. Era seguro, e eu precisava de abrigo. Mas as lições que aprendi no período com o grupo e com minha saída dele ficaram comigo. Mais que isso: por conta da minha experiência com o bem-estar extremo, desenvolvi uma compreensão de como isso pode dar errado e do que podemos fazer para cuidar de nós mesmas de maneira saudável e autônoma.

A medicina acadêmica é um sistema de alta demanda, com um conjunto rigoroso de regras e expectativas. Quando voltei à formação médica, consegui me controlar, estabelecer limites e praticar o autocuidado de verdade, ao mesmo tempo que mantinha uma perspectiva crítica em relação à medicina e à psiquiatria. Eu sabia que as soluções dos outros nunca serviriam para mim. Precisei fazer escolhas difíceis. Tinha que priorizar a mim mesma. Ao longo dos anos, a terapia me ajudou a reconhecer esse paradoxo e fazer as pazes com o passado. Eu estaria aqui agora, com essa voz e essa crença e confiança em minha própria missão, se o culto não tivesse feito parte da minha história? Não tenho certeza. O que sei é que, como acontece com todas nós, há partes boas e partes ruins em mim.

Estou falando aqui da dialética, que você deve se lembrar da Parte I. O pensamento dialético se refere à habilidade de reconciliar pontos de vista aparentemente opostos. Em nossa sociedade polarizada, fica cada vez mais difícil deparar com ele, e é isso que o torna tão poderoso. A terapia comportamental dialética, que discutimos no capítulo 3, se baseia na noção de que a mudança ocorre quando há uma resolução entre fins opostos ou ideias conflitantes. Em outras palavras: "ambas as coisas, e...".

O poder da dialética é crítico para o autocuidado de verdade. É possível conseguir paz interior com suas decisões E gerar mudança na sociedade ao mesmo tempo — uma coisa não impede a outra. Pense em minha paciente Sonia, que se sentia culpada e envergonhada por deixar as crianças com a babá no fim de semana para tirar o atraso no trabalho. Ela teve que aceitar sua afirmação de poder individual dentro da família. Isso não levou a grandes mudanças no momento, mas ao abraçar o autocuidado de verdade ela pediu ao marido para solicitar a licença-paternidade na pequena startup em que trabalhava. A empresa acabou criando uma política de licença-paternidade com a ideia de atrair e reter talentos.

Paz interior e mudança social envolvem conflito interno. Somos todas ao mesmo tempo uma peça de madeira no tabuleiro E jogadoras poderosas que podem mudar o panorama do jogo.

PARA TREINAR: IMAGINE SEU TABULEIRO DE XADREZ

Retorne às vozes que identificou no capítulo 6, quando estávamos aprendendo sobre autocompaixão — sua voz otimista, sua voz sábia etc. Agora pense em uma situação em que a metáfora do cavalo do xadrez se aplica a sua vida — talvez um momento em que você se sentiu impotente diante de circunstâncias que estavam fora do seu controle.

1. Como sua voz otimista narraria essa história? E sua voz sábia? E sua voz excêntrica?
2. Há verdades universais que se destacam nessas narrativas, ou seja, que aparecem em qualquer uma das vozes?
3. Imagine essas diferentes vozes interagindo umas com as outras. Algo se revela sobre seu caráter ou personalidade em cada uma das narrativas? Talvez algumas características apareçam em mais de uma narrativa, enquanto outras apareçam de maneira contraditória em uma e outra. Sem problemas.

Quando olhamos para nós mesmas e nossa situação sob a lente do "ambas as coisas, e...", temos o benefício da perspectiva. Reconhecemos que raras vezes há apenas uma história e que somos capazes de ver que mais de uma verdade pode ser possível ao mesmo tempo.

AUMENTE A COMPLEXIDADE DE SUA HISTÓRIA

Depois que focamos na dialética, o caminho para se lembrar de seu poder é *aumentar* a complexidade de sua história, em vez de diminuí-la. Nossa cultura costuma nivelar a existência das mulheres e ver complexidade e contradição como ameaça. Em vez de ver a nós mesmas e nossos papéis como unidimensionais, podemos nos empoderar refletindo sobre histórias alternativas e abraçando-as.

Muitos anos atrás, eu e uma colega iniciamos um projeto com imigrantes sobreviventes de violência íntima por parte do companheiro.[3] Usamos uma técnica chamada terapia testemunhal, reunindo pessoas para compartilhar suas narrativas de sobrevivência e força. Aquelas mulheres tinham passado por circunstâncias terríveis, não apenas ao tentar refúgio nos Estados Unidos, mas devido à violência sofrida na vida pessoal. No processo de compartilhar o bom e o ruim, elas não se sentiam mais definidas apenas pelas experiências traumáticas. Uma sobrevivente disse que, das cinzas de seu relacionamento anterior, ela aprendera que "eu era capaz de seguir em frente, sozinha... Foi preciso muita força, mas consegui". Essa sobrevivente narrou sua história como uma jornada de descoberta da verdade sobre um homem que a traíra. Seu depoimento era marcado pelo crescimento — se no início era uma jovem inocente, ao fim descrevia uma sensação de autoconfiança e força. Não estou dizendo com isso que foi justo ou necessário o trauma pelo qual essas sobreviventes passaram. O trauma nunca é merecido nem necessário. A terapia testemunhal é uma modalidade que se concentra em seguir em frente e encontrar fontes de significado e esperança diante das dificuldades.

Sua bússola do autocuidado de verdade pode ajudar nesse processo, uma vez que é possível aplicar seu manifesto pessoal a vários aspectos da vida — seus relacionamentos, seu trabalho, sua comunidade — e trazer seus valores à tona de maneiras inesperadas. Por exemplo, uma amiga que trabalha como cientista e valoriza profundamente a aventura passou um período sabático viajando pelo mundo. Em geral, cientistas usam períodos sabáticos para escrever livros ou tirar o atraso em seus projetos de pesquisa — a ideia é que seja um momento de trabalho concentrado com o intuito de publicar artigos e preparar o currículo visando a um cargo com estabilidade. Mas minha amiga havia passado os anos anteriores esgotada, tinha suportado inúmeras rejeições e vinha pensando em abandonar a carreira acadêmica. Ela se encontrava no ponto mais baixo da carreira. Então, desesperada, assumiu o risco de seguir por outro caminho. Minha amiga visitou quatro países ao longo de sete meses, com a família junto. Voltou de seu sabático se sentindo revigorada e ativa. Acabou não atendendo às expectativas de produtividade acadêmica da chefia do departamento, e isso poderia ser considerado um fracasso. Mas também podemos dizer que, por causa do tempo dedicado a uma vida alinhada com seus valores, ela passou a ver com outros olhos a perspectiva de deixar a academia e de aceitar um emprego no setor privado (no qual ela teria mais tempo livre para viajar e explorar o mundo).

Se você está lendo este livro, desconfio que experimentou fracassos e perdas, e que sinta seu estômago contraído ao se lembrar de alguns momentos do passado ou até mesmo do presente. Pode ser tentador resumir toda a nossa história a esse tipo de experiência — e as redes sociais, e até mesmo familiares ou amigos, podem acabar nos definindo pelos traumas ou pelas dificuldades. No entanto, se o autocuidado de verdade é uma questão de autopreservação e autoexpressão, então podemos nos fortalecer ao reformular nossas narrativas. Por exemplo, li recentemente uma manchete que dizia "Mães esgotadas se reúnem em campo para gritar", e pensei comigo mesma: a manchete não deveria ser "País abandona mães, que não aguentam mais"? Quando consideramos as manchetes alternativas e abraçamos a complexidade de nossas histórias, temos mais chances de nos sentirmos empoderadas.

PARA TREINAR: SEJA DONA DE SUA MANCHETE

Quando consideramos as manchetes de nossa vida, em geral começamos fora de nós mesmas, porque é fácil ser generosa com os outros e muito difícil voltar essa generosidade para dentro. Com essa prática, o objetivo não é dizer a si mesma que tudo acontece por um motivo e que está tudo perfeito (isso é positividade tóxica). A intenção é abraçar as nuances e ver se você consegue olhar para um período difícil do seu passado e encontrar pérolas de sabedoria ou verdade.

1. Pense em uma amiga que passou por um momento difícil, por uma falha da parte dela ou por circunstâncias externas, como doença, divórcio ou perda. Descreva a história dessa pessoa pensando no que foi perdido e no sofrimento por que ela passou.

2. Agora pense em como você poderia contar essa história de maneira diferente. E se, em vez de começar do ponto mais baixo, você partisse de outro ponto? Que narrativas são possíveis para essa história? Que forças ocultas podem ser encontradas em um dos piores momentos da vida da sua amiga? Você notou nela mudanças positivas que emergiram como resultado desse episódio difícil? Que significado pode ser depreendido do ponto mais baixo da vida dela?

3. Agora siga esses mesmos passos no seu caso, identificando um ponto baixo ou momento difícil e vendo se consegue manter as nuances e generosidade em relação a si mesma. Encontrou significado em lugares inesperados? Como sua experiência moldou quem você se tornou?

Resistir ao nivelamento de nossas histórias ajuda a manter em vista nossa autonomia e nosso poder. É uma forma de resistir à expectativa de que as mulheres se conformem com um estereótipo ou uma narrativa. Anote as respostas deste exercício e guarde-as para voltar a elas quando estiver se sentindo para baixo ou empacada.

SUBSTITUA CINISMO POR AUTONOMIA

Talvez você esteja pensando: "Isso tudo é ótimo para quem já tem algum poder, como uma autora ou uma figura pública, mas e quanto ao restante de nós?". Garanto a você que no meu trabalho vejo muitos exemplos de autocuidado de verdade com pacientes que lidam com problemas do dia a dia e que se veem diante de decisões profundamente desafiadoras.

Minha paciente Lena, por exemplo, trabalhava como produtora para um canal de TV local. Ela gostava do trabalho em si, mas era mal paga e sentia falta de mais apoio. O canal de TV simplesmente ignorava as reclamações dos funcionários, porque havia ganhado uma série de prêmios de prestígio na indústria. Lena sentia que suas mãos estavam amarradas: se falasse que precisava de apoio, o canal poderia mandá-la embora e contratar um dos outros produtores que aguardavam ansiosamente pela oportunidade. Em uma sessão da terapia, ela disse: "Qual é o sentido de falar sobre as condições de trabalho terríveis? Nada vai mudar. Não tenho poder lá". Lena sentia que, não importava o que dissesse, o status quo seria mantido. Portanto, não valia a pena criar confusão.

Juntas, trabalhamos o autocuidado de verdade, e Lena assumiu o risco de estabelecer limites no trabalho, como não virar a noite e ficar em casa quando estava doente. Ela abrandou seu diálogo interno e se permitiu demonstrar compaixão por si mesma. Também passou a ver com mais clareza quais eram seus valores. Lena era uma pessoa criativa, e a grade de programação mais social do canal em que trabalhava lhe dava energia. Ela não queria mudar de emprego, mas ser o elo mais fraco não estava alinhado com seus valores. Assim, começou a fazer perguntas: O que seria necessário para a chefia contratar um assistente para ela? Por que seu salário era tão mais baixo que a média do mercado para alguém com sua experiência? Por fim, depois de uma batalha que durou um ano, Lena conseguiu um assistente. Mais importante talvez tenha sido o fato de que as mulheres mais jovens do canal passaram a vê-la como uma aliada e a procurar seus conselhos. A defesa que Lena fez de si mesma acabou dando origem a novas políticas: os produtores passaram a ter gastos reembolsados em tempo hábil e vários assistentes foram contratados para pessoas na posição de Lena. Ela ainda está negociando um aumento de salário e uma reestruturação de seu departamento, para que seja mais justo para funcionários de nível mais baixo, porém essas primeiras conquistas a ajudaram a se lembrar de sua influência nessa batalha, que sem dúvida será longa.

Praticar o autocuidado de verdade exige tirar do sistema a posse de si mesma e recuperá-la — sistema que pode ser sua família, seu trabalho, a sociedade ou todos os anteriores. Se Lena tivesse cedido ao cinismo, nenhuma mudança ocorreria. Através de sua prática do autocuidado de verdade, ela pôde melhorar sua situação e a dos colegas que viriam depois.

PARA TREINAR: PLANTANDO AS SEMENTES
DA REVOLUÇÃO

O autocuidado de verdade envolve mudar nossa paisagem interna para podermos nos apresentar para exercer nosso poder e nossa influência no mundo exterior. Penso nisso como plantar as sementes da revolução — estamos semeando nosso próprio futuro e o da próxima geração.

1. Faça uma lista de situações ou encontros recentes que se destacam como momentos em que você testemunhou injustiça ou práticas incorretas.

2. Usando sua bússola do autocuidado de verdade como guia, reflita: em suas esferas de influência, onde você poderia exercer seu poder em benefício de si própria e dos outros? Isso pode assumir a forma de questionar sistemas nebulosos no trabalho ou dar início a um abaixo-assinado no bairro.

O processo da mudança sistêmica não ocorre da noite para o dia. Pensar no autocuidado de verdade como plantio de sementes da mudança ajuda a lembrar que se trata de um trabalho contínuo que pode florescer de modos inesperados.

TORNE A ESPERANÇA UMA PRÁTICA

Um grupo da Universidade George Washington transformou a prática da esperança em uma operação que chamou de "módulos de esperança".[4] Inicialmente pensados para apoiar pessoas que enfrentavam doenças graves, como câncer ou dor crônica, os módulos de esperança foram expandidos para serem aplicados a todo mundo que enfrenta fatores externos muito difíceis ou circunstâncias de vida adversas. Tive a sorte de receber treinamento nessa área durante minha residência em psiquiatria e a vi funcionar com muitas pacientes. O ponto principal é que, para cultivar esperança, as pessoas precisam ativar um ou mais destes módulos:

- Resolução de problemas (apressar-se para executar uma tarefa ou ação que ajude você a avançar de maneira tangível).

- Regulação emocional (reduzir seu nível de estresse momentâneo ou qualquer sentimento de desconforto).

- Ativação da identidade central (conectar-se com uma identidade individual ou coletiva).

- Enfrentamento relacional (acessar mentores ou pessoas importantes na sua vida).

Por exemplo, quando uma paciente minha que tem uma filha com um problema de saúde complexo depara com a infinidade de obstáculos apresentados pelo plano de saúde, ela usa essas habilidades: faz uma lista do que precisa que seja coberto pelo plano, lembra a si mesma de que é um trabalho duro e de que não há problema nenhum em fazer intervalos, continua comparecendo às reuniões regulares do grupo de mães da igreja e encontra uma amiga próxima que também é mãe de uma criança com necessidades especiais. Isso tudo a faz perceber que ela tem algum poder.

Minha paciente não se ilude quanto a sua situação — é complicada, e não é justo que ela tenha que entrar nessa batalha —, mas consegue reconhecer quando suas ações implicam progresso na saúde da filha. Ela toma o cuidado de não assumir o fardo de tentar mudar todo o sistema, porque isso seria impossível. E usa essas ferramentas para não se tornar apática. É no equilíbrio entre os dois extremos que reside a esperança — e com a esperança vem o poder.

PARA TREINAR: IDENTIFIQUE OS MÓDULOS
DE ESPERANÇA QUE ACESSA

Todo mundo é capaz de cultivar esperança, seja você otimista ou pessimista. Este exercício ajuda a identificar quais ferramentas você já usa e quais lhe vêm mais naturalmente, assim é possível continuar a fortalecê-las conforme avança na prática do autocuidado de verdade.

1. Pense em uma experiência recente em relação à qual se sente mal — um acontecimento mundial, algo que se passou com você sem que a culpa fosse sua, alguma coisa de que se envergonha ou que a faz se sentir culpada. Por que essa situação mexeu tanto com você? Tente recordar o que sentiu na hora.

2. Agora pense nas ações que tomou imediatamente depois. Como lidou com isso nas horas, dias e semanas que se seguiram? Entrou no modo resolução de problemas e tomou ações específicas, como pesquisar ou reunir informações? Ou entrou em contato com uma amiga ou colega de confiança (exemplo de enfrentamento relacional)? Ou seu primeiro instinto foi ativar sua identidade central e se conectar com sua fé ou com o grupo da igreja?

3. Procure ser minuciosa nesse processo. Muitas vezes usamos uma mistura dos quatro módulos para cultivar esperança em nós mesmas. Embora para algumas de nós possa haver um ou outro que parece mais natural, todas as ferramentas estão disponíveis em momentos de aflição ou dificuldade. Se descobrir que não vinha usando nenhuma delas, avalie se há uma que ressoa mais em você e que pode ser invocada quando se sentir sem esperanças de transformações.

Diante de uma infinidade de limitações e falhas sistêmicas, a prática da esperança é uma fonte de resistência, porque está sempre disponível para nós. Identifique que ferramentas surgem mais naturalmente para poder usá-las em momentos de dificuldade ou quando estiver começando a sentir que não tem poder.

> **QUANDO BUSCAR AJUDA PROFISSIONAL**
>
> Pode ser difícil diferenciar a depressão ou a ansiedade clínicas e o pavor existencial generalizado que resulta de vivenciar a opressão sistêmica e o colapso dos direitos humanos básicos. Também é possível experimentar ambos ao mesmo tempo — desespero em relação a um mundo que faz você se sentir impotente *e* uma condição clínica de saúde mental. Na verdade, quando você vivencia falhas sistêmicas e tem menos acesso a recursos e apoio, é maior a probabilidade de apresentar um problema de saúde mental. Você pode sofrer os efeitos de uma sociedade injusta *e também* se beneficiar de tratamento para a saúde mental. Caso se sinta consistentemente sem esperanças e incapaz de desfrutar de atividades que costumavam deixá-la animada, pode ser um sinal de uma condição clínica, como depressão. Em alguns casos, a desesperança extrema pode se manifestar através de sintomas como ir para a cama à noite desejando não acordar de manhã ou torcer para sofrer um acidente fatal. Chamamos esse tipo de pensamento de ideação suicida. Se estiver acontecendo com você, procure ajuda de um profissional de saúde mental.

CUIDADO COMUNITÁRIO

No outono de 2021, uma grande mudança ocorreu. Os Estados Unidos saíam de quase dois anos de devastação por parte de uma pandemia mundial. Pela primeira vez em décadas, o governo federal estava considerando remunerar cuidadores e pais recentes, por meio da Build Back Better Bill. A proposta inicial do Congresso previa pagar doze semanas de licença-maternidade. Nem tivemos tempo de comemorar e essa licença remunerada foi retirada do projeto de lei, devido à oposição de vários senadores.

As mulheres e mães ficaram furiosas. Então foram para as ruas. Milhares de mães se reuniram nos degraus do Capitólio, sob chuva, para exigir que a licença remunerada voltasse a ser incluída no projeto de lei. Movimentos de base surgiram em todo o país. Nas redes sociais, formou-se uma coalização de ativistas e líderes, e assumimos o nome de Câmara das Mães. Quase que da noite para o dia um movimento de dez mil mulheres furiosas com a perda da licença remunerada se formou para agir.

Devido à atuação de ativistas e grupos que já vinham trabalhando pelo tema havia décadas, os legisladores reincluíram a licença remunerada no projeto — ainda que de quatro semanas, em vez de doze. O que mais me impressionou no movimento foi que muitas das mulheres que se juntaram ao abaixo-assinado, fizeram doações e foram às ruas não pretendiam ter mais filhos, portanto não seriam beneficiadas com uma nova política federal. No entanto, estavam dispostas a empregar seu tempo, sua energia e seu dinheiro pelo benefício de outras. Em uma corrente do bem. Além disso, a logística do movimento levou em conta que, para se juntar ao protesto e se organizar era preciso haver recursos — como creche ou apoio em casa para que as mulheres pudessem pegar um ônibus até Washington, DC. Grupos organizaram campanhas de doação para possibilitar que mulheres com menos privilégios pudessem lutar pela causa.

Outro termo para esse coletivismo é cuidado comunitário. Acredito que o cuidado comunitário seja um subproduto do autocuidado de verdade — uma vez que, com o poder, vêm responsabilidades. Angela Garbes, no livro *Essential Labor: Mothering as Social Change*, fala que as minorias vêm se envolvendo no cuidado comunitário há séculos. É assim que pessoas que não têm acesso a recursos sistêmicos sobrevivem: com bibliotecas comunitárias, pegando carona para ir ao trabalho e fazendo um rodízio no cuidado das crianças. Segundo Angela, "um dos pontos centrais da comunidade é o descentramento [...] às vezes, você doa, em vez de sempre receber".[5] Em última instância, o trabalho do autocuidado de verdade consiste em transformar nossa relação conosco mesmas, e o que se segue naturalmente a essa mudança interna é a reorganização de sistemas mais amplos. Para que essa reorganização seja equitativa em relação às mulheres mais desfavorecidas, as mais privilegiadas devem dividir o poder que conquistaram com o autocuidado de verdade. Isso pode significar abrir mão de oportunidades, conveniências ou status para que tais recursos sejam distribuídos a mulheres que precisam mais deles.

Quando eu tomei a decisão de deixar o trabalho acadêmico em período integral, reconheci que tinha privilégios que me permitiam fazer aquela escolha. Agora, dedico essas horas a receber médicos e residentes que querem abrir sua própria clínica, escrever artigos e livros para a comunidade não científica e explorar o empreendedorismo. É uma maneira simples de contribuir com a próxima geração de médicos criativos que estão construindo sua carreira fora da estrutura tradicional.

PARA TREINAR: CULTIVANDO O CUIDADO COMUNITÁRIO

Como você agora sabe, o autocuidado de verdade tem o poder de mudar os sistemas nos quais vivemos e trabalhamos. Quando pensamos no cuidado comunitário, vale a pena identificar as áreas da sua vida em que você sofreu opressão e as áreas em que teve privilégios. Tornando isso explícito, fica mais fácil retribuir. Faça as seguintes questões a si mesma para avaliar como o privilégio e a opressão se fizeram presentes na sua vida.

1. Que privilégios ou vantagens eu tenho (por exemplo, tenho companheiro ou marido, sou cidadã americana, cisgênero, de pele clara)?

2. Que fatores me colocam sob risco de opressão (por exemplo, falta de recursos financeiros, ser mãe solo, ter uma deficiência, vir de um grupo historicamente marginalizado ou cuja identidade é oprimida)?

3. O que é fácil e simples para mim, mas difícil para outros?

4. Como posso ser generosa na vida pessoal?

5. Como posso ser generosa na vida profissional?

A ideia de refletir sobre essas questões não é fazer você se sentir culpada ou constrangida. Só estou propondo que você dedique um tempo a refletir sobre as áreas da vida em que pode se dar ao luxo de ser generosa. Tenha em mente que o cuidado comunitário não precisa envolver gestos grandiosos e abrangentes — pode ser levar comida para uma vizinha que você não conhece, mas que acabou de ter um bebê, ou convidar para um café uma colega mais jovem com quem você não tem nada em comum.

Quando se vive como uma mulher nos Estados Unidos, a luta pelo autocuidado de verdade nunca termina. Você pode pensar nisso como um fracasso ou como o que é: vivemos no espaço indefinido do "ambas as coisas, e...".
Por exemplo, no momento em que escrevo este livro, o projeto de uma política federal de licença remunerada está paralisado e os direitos humanos e reprodutivos retrocederam nos Estados Unidos. Quando você ler este livro, não tenho como saber em que pé estarão nem a legislação em apoio de cuidadores nem outras causas progressistas. Dito isso, focar nos resultados de uma legislação específica é um equívoco. Lembre-se do tabuleiro de xadrez: podemos mergulhar no desespero com o fracasso do ativismo e de determinadas políticas, ou podemos reconhecer que a energia e o poder coletivo emanados pelo povo em 2021 levaram a mudanças reais e tangíveis no Estado e no setor corporativo. Em Maryland e Delaware, por exemplo, os legisladores aprovaram políticas de licença remunerada em 2022. Vimos corporações multinacionais enormes adotarem políticas de licença familiar progressistas — não apenas para pais, mas para pessoas responsáveis pelos cuidados de outras de modo geral —, políticas de licença para problemas de saúde mental e outros benefícios. É claro que ainda há muito trabalho a ser feito (por exemplo, não é sustentável depender do mundo corporativo para serviços e proteções que deveriam vir do governo), mas reconhecer a influência individual e coletiva é uma fonte poderosa de esperança.

Audre Lorde disse: "Seu poder é relativo, mas é real. Se você não aprender a usá-lo, ele vai ser usado contra você, e contra mim, e contra nossos filhos. A mudança não começou com você e não terminará com você, mas o que você faz com sua vida é uma parte vital dessa cadeia".[6] Especialmente em momentos de trauma em nível nacional e internacional, nosso poder vem da prática da esperança e do foco inabalável no fato de que nossa capacidade vem da vontade coletiva de nos empoderarmos. Fazemos isso abraçando nossa complexidade e a complexidade dos outros, e erguendo os mais vulneráveis entre nós.

PARECE ÓTIMO, MAS...

Há aspectos da minha vida em que me sinto muito privilegiada (tenho um trabalho estável, um companheiro, saúde boa), mas há outros aspectos em que sei que não é o caso (sou uma mulher racializada). Como saber se devo "retribuir" ou "receber"?

Privilégio e opressão não operam de maneira binária. Ambos ocorrem em um espectro. Esse é outro exemplo de como a mentalidade "ambas as coisas, e..." ajuda a identificar nuances nas situações. Por exemplo, como essa pergunta sugere, pode haver aspectos na sua vida em que você detém recursos e privilégio — talvez tenha recebido uma educação de ponta ou ocupe uma posição de poder no trabalho. Por outro lado, pode haver aspectos da sua identidade ou história pessoal que colocam você em desvantagem — por exemplo, se for imigrante ou uma pessoa com deficiência. Ambos podem ser verdade ao mesmo tempo, e isso significa que haverá algumas circunstâncias em que você terá mais com que contribuir enquanto em outras poderá se beneficiar de ajuda.

E se eu simplesmente gostar de me mimar e de dar tempo a mim mesma? Devo me sentir culpada por não lutar por uma causa maior ou por não fazer algo mais importante pelo sistema?

O propósito do autocuidado de verdade não é fazer você sentir culpa ou constrangimento. Nem um nem outro são bons motivadores. Especialmente nos últimos anos, é verdade que cada vez mais pessoas vêm recorrendo a práticas que envolvem presentear a si mesma só para sobreviver ao dia. Quando o mundo parece fora de controle, se você tem os meios, presentear-se — seja com chocolate ou fazendo as unhas — pode ser uma maneira de exercer sua autonomia. Você foca em uma tarefa e a completa, e a sensação é boa. Em vez de se sentir culpada, é possível canalizar a alguém menos privilegiado o alívio que você sente ao realizar uma ação positiva? Que tal mandar um e-mail dando feedback positivo a uma colega racializada? Ou reservar cinco minutos para assinar uma carta de apoio a alguém que conseguiu se eleger com base em uma plataforma alinhada com seus valores?

Pesquisas indicam que o comportamento pró-social — ou seja, agir em benefício dos outros — não é bom apenas para a pessoa que recebe ajuda, mas também melhora o bem-estar emocional de quem ajuda.[7] De novo, o objetivo não é se autoflagelar por não fazer mudanças, e sim reconsiderar como cada uma de nós pode exercer sua influência e seu poder no sistema mais amplo, mesmo que de maneira discreta.

CHECKLIST DO PODER

- Abraçar a ideia de "ambas as coisas, e..." em vez de "isto ou aquilo" mantém você conectada com seu poder.
- Reconhecer sentimentos ruins não é desperdício de tempo, é o caminho que você deve trilhar para praticar esperança e ganhar poder.
- Não cabe a você mudar o sistema inteiro; você só precisa estar em contato com sua autonomia e influência.
- Quando você nivela sua história (ou a história de outras pessoas), entrega seu poder.
- Retribuir quando se tem poder gera mais poder para todo mundo.
- Esperança não é algo que se tem ou não tem: é algo que precisa ser cultivado.

Conclusão

O caminho que me levou a escrever este livro teve início com uma desilusão existencial com a psiquiatria. Como jovem médica, eu tinha aprendido que os pacientes tinham problemas que precisavam ser resolvidos. No entanto, o que via eram políticas e estruturas sociais que os prejudicavam. Para mim, era óbvio que a medicação não ia resolver esses problemas internos, e me senti traída por um establishment médico que não fazia nada para me ensinar a ajudar pacientes que enfrentavam um mundo que não havia sido pensado para eles. Minha desilusão com a psiquiatria me fez mergulhar no falso autocuidado.

Quando penso em tudo o que aprendi na última década da minha vida, enquanto me recuperava dos efeitos do bem-estar extremo, a primeira imagem que me vem à mente é a de Yayoi Kusama, artista japonesa icônica que sofre de esquizofrenia. Aos dez anos, morando em um vilarejo rural, Kusama começou a ter alucinações visuais na forma de pontos, flores e imagens repetitivas. Ela se dedicou a sua arte, o que já não era comum para uma mulher japonesa nos anos 1950, e muito menos para uma mulher que sofria de um distúrbio mental grave. Contrariando todas as probabilidades, Kusama é uma das artistas mais bem-sucedidas da atualidade. Seu trabalho se baseia no feminismo e no surrealismo. Visitar uma de suas muitas exposições que conquistaram o mundo é fazer uma viagem à mente da artista — única, poderosa e cheia de vida. Hoje, ela vive em um hospital psiquiátrico em Tóquio, onde tem seu próprio estúdio. Na última década, o valor acumulado de suas obras, vendidas em casas de leilão, chegou a 500 milhões de dólares.

Quando penso em Kusama, a última coisa que me vem à mente é um problema que precisa ser resolvido.

Hoje, sei que nosso poder pode vir de algumas das dificuldades mais devastadoras que enfrentamos. Nossa força reside em nos apropriar da dor, permitir a nós mesmas senti-la e seguir em frente apesar do sofrimento. Doença, adversidade, trauma, perda — nada disso representa prisão perpétua. As coisas mais dolorosas em nós mesmas são as que têm a capacidade de render mais brilho.

Sinto esperança, e não só por causa de histórias como a de Yayoi, mas pelo que ouço das minhas pacientes. Elas veem com clareza que o status quo não está funcionando. Trazem para a terapia questões sistêmicas — disparidade de renda, trabalho não remunerado, opressão social —, como nunca aconteceu antes. Compreendem que não são elas que precisam ser consertadas, e sim nosso tecido social. Essa é a definição de progresso: ver com clareza o que está acontecendo a nossa frente, sem distorções.

O trabalho do autocuidado de verdade é conciliar esperança e dor. Como mulheres, vivemos o tempo todo à beira do precipício, lutando para nos segurar em meio a uma tempestade que nos convida a desistir. O falso autocuidado mantém nossa cabeça fora d'água, mas continuamos cansadas e desesperançosas. O autocuidado de verdade é nosso bote salva-vidas. Quando várias de nós internalizam o autocuidado de verdade, a maré finalmente muda e despertamos para o poder que ele carrega.

Agradecimentos

Preciso agradecer a muitas pessoas — não apenas pela existência física deste livro, mas também pelo apoio emocional que me permitiu chegar a um ponto da vida em que foi possível escrevê-lo.

Em primeiro lugar, agradeço a minhas pacientes por me darem a honra de trilhar o caminho com elas. Se estou aqui, é por causa das pessoas que me contaram suas histórias.

Também sou grata à experiência daqueles que vieram antes de mim. Winnicott disse: "É impossível ser original, a não ser na base da tradição". Posso compartilhar meus conhecimentos porque médicas, pesquisadoras, ativistas e intelectuais públicas vêm trabalhando pela saúde mental das mulheres e pelo feminismo interseccional desde muito antes de mim.

Escrever um livro é um exercício de disciplina. Eu ficava imaginando o que meus estraga-prazeres diriam a meu respeito. Ficava preocupada em não estar fazendo direito. Se segui em frente e consegui completar um projeto assim audacioso, foi em grande parte porque tive a sorte de encontrar no setor editorial uma equipe de mulheres inteligentes, bondosas e com visão de futuro, mulheres que me ajudaram a trazer o autocuidado de verdade para o mundo.

Minha agente Rachel Sussman: você trilhou esse caminho comigo desde 2019 e nunca duvidou da minha visão. Não passa um dia em que eu não agradeça por você, que foi uma mistura de agente, editora e terapeuta, ter decidido arriscar comigo. Você se embrenhou nos detalhes comigo de uma maneira profundamente bondosa, sem paralelos entre agentes. Conseguiu até que eu escrevesse este livro grávida! Só por isso, já merece um prêmio. Obrigada por sempre responder a minhas muitas, muitas perguntas, por me aconselhar nas partes espinhosas, por aplacar minha neurose e, acima de tudo, por acreditar em mim e no meu trabalho.

Minha primeira editora, Jenna Free, a doula deste livro. Sem você, ele ainda seria um amontoado de sentimentos no meu sistema nervoso. Obrigada por guardar meus pensamentos com tamanha compaixão e por me ajudar a compreender como minhas ideias se relacionavam, mesmo que eu achasse tudo difícil demais (tipo no meu primeiro trimestre, quando eu quis jogar meu manuscrito no lixo). Sou especialmente grata pela maneira como segurou minha mão enquanto eu escrevia as partes mais pessoais.

Obrigada à equipe da Penguin Life, a melhor de todas. Meg Leder, minha extraordinária editora: cada comentário seu tornou o autocuidado de verdade mais significativo e claro. Seu olho editorial sem dúvida tornou este livro mil vezes melhor e mais útil do que seria sem você. Além de sua capacidade de edição inigualável, agradeço por permitir que eu passasse uma quantidade limitada de tempo falando sobre nossos sistemas depressivamente podres enquanto escrevia um livro de autoajuda! Shelby Meizlik, Lydia Hirt, Sabila Khan e as outras pessoas da equipe da Penguin Life: obrigada por compreenderem de imediato e por trabalharem tão duro para divulgar o autocuidado de verdade de maneira tão ampla.

Obrigada a Anna Argenio, Najma Finlay, Lydia Weigel, Claire Busy e toda a equipe da Cornerstone UK pela empolgação e pela energia com que levaram o autocuidado de verdade a um público internacional. Anna, seu entusiasmo pelo autocuidado de verdade é contagioso. A maneira como você apoiou não só a mim, mas minha mensagem, e o cuidado que trouxe para o livro, tanto em termos editoriais como gerais, me deixa muito feliz.

Agradeço a Lauren Cerand: estamos apenas começando, mas já sinto que você enxerga dentro de mim. Valorizo muito seu cuidado e sua atenção.

São tantas as pessoas que em momentos variados da minha vida me aconselharam e defenderam a mim e ao meu trabalho. Como suportar a pressão de escrever uma lista completa com todo mundo que merece meu muito obrigada? Farei o meu melhor para manter esta lista específica ao autocuidado e à minha escrita. Sou enormemente agradecida a Jess Grose, Farah Miller, Melonyce McAfee e toda a equipe da seção dedicada à parentalidade do *The New York Times*, que foi a primeira a me conceder o privilégio de canalizar minha raiva para algo maior. Drew Ramsey, sua generosidade é rara. Ter você como um colega psiquiatra e guia me deu permissão para sonhar. Eve Rodsky, obrigada por me animar a cada passo do caminho. Robert Solomon, obrigada por responder a todas as minhas perguntas. Por favor, não deixe de me lembrar de que preciso me divertir. Salman Akhtar, obrigada por iluminar o caminho no momento mais difícil da minha vida: o que você me ensinou está neste livro em seu nível mais profundo.

Sou enormemente grata a Martha Beck por nossa conversa sobre cultura, koans e o modo mártir.

Conversas e proximidade com as seguintes mulheres revolucionárias me inspiraram e empolgaram enquanto eu escrevia este livro e me preparava para lançá-lo ao mundo: Erin Erenberg, Cassie Shortsleeve, Daphne Delvaux, Alexis Barad-Cutler, Raena Boston, Kelsey Lucas, Cait Zogby, Dana Suskind, Rebecca Lehrer, Avni Patel Thompson, Brigid Schulte, Hitha Palepu, Heather Irobunda, Vania Manipod, Saumya Dave, Hina Talib, Kelly Fradin, Arghavan Salles, Jill Grimes, Mia Clarke, Amy Barnshorst. Kaz Nelson e Nan Wise.

Rebecca Fernandez e sua equipe na VOKSEE, obrigada por transporem tão lindamente minha visão para o site.

Josh Zimmerman, obrigada por sempre me trazer de volta a minha missão. Wendy Karlyn, obrigada por abrir portas e me apoiar. Jessi Gold, obrigada pelos memes e por sua sabedoria. Lauren Smith Brody, obrigada por seu brilhantismo em nossos diálogos sobre escrita, mídia e maternidade. Janna Meyrowitz Turner, as anotações que fiz durante nossos papos estão em uma pasta especial — você é genial. Pandora Sykes, obrigada pelas conversas deliciosas, espero que tenhamos mais pela frente. Monisha Vasa, meu sistema nervoso se acalma quando vejo seu rosto: obrigada por ser tão cuidadosa. Steve Steury, pelas caminhadas e pelos jantares. Peter Polatin, por me lembrar de pensar grande.

Sou infinitamente grata a Lisa Catapano, mentora que hoje tenho a sorte de poder chamar de amiga. Obrigada por arriscar comigo em 2014 e por estar do meu lado em tantas transições difíceis.

Agradeço a Windy Johnson por se oferecer alegremente para ajudar no que eu precisava e por se certificar de que minhas pacientes não ficassem perdidas enquanto eu estava em licença-maternidade. E obrigada a Nicole Perras por tornar possível meu afastamento do consultório.

Sou grata ao grupo de médicas que me fez companhia por Zoom durante a pandemia e que continua firme e forte.

Diana, Vero, Pooja, Sural, Marwa, Shannon, Stephanie, Michelle: obrigada por estarem no meu time.

Alexis, Nelia, Abby, Becca, Meagan, Amanda, Angie, Ashley, Amy, Lindsay e Sydnia: ainda não consigo acreditar que fui convidada para sentar na mesa de vocês.

Obrigada a Magera Holton, Gio Fernandez-Kincade, Andi Ruda, Manuel Toscano, Murray Indick, Perry Lane, Bethany Saltman, Marta Perez e Jennifer Lincoln por tudo o que trouxeram à Gemma. Um agradecimento especial a Astrid Storey por seu brilhantismo nas operações.

Lucy Hutner, entramos na vida uma da outra em um momento muito especial e descobrimos o quanto temos a aprender com a troca. Sou muito grata pela aceitação e compreensão que você inspira em mim.

Kali Cyrus, você provou para mim que depois dos trinta é possível fazer amigos que durarão a vida toda. É uma honra mapear com você como ser uma psiquiatra que pinta fora dos contornos. Obrigada por ser minha companheira de sonhos.

Eu não estaria onde estou na minha vida sem o amor e a aceitação de minhas amigas mais próximas desde sempre, que ficaram do meu lado em meio a todo tipo de tempestade. Puja, Denise, Mary e Molly: vocês me entendem como ninguém. Nossa amizade é uma das coisas de que mais me orgulho. Vocês pegaram um avião por mim, ficaram acordadas de madrugada tendo conversas inúteis comigo, são as primeiras pessoas para quem ligo quando tudo dá errado, já fizeram mais de uma festa por mim à qual me esforcei muito para não comparecer, pensaram em títulos e capas para este livro, fizeram minha lista do chá de bebê porque eu estava ocupada escrevendo este livro. Obrigada por amarem todas as partes que me compõem. Xing, Danielle e Diane —

minha torcida organizada — sou muito grata pelos mais de vinte anos de amizade até agora.

Agradeço a Brigette, nossa doula pós-parto, que me mostrou o poder de deixar o bebê com alguém de confiança. Obrigada por estar conosco nas noites em que a amamentação me fazia chorar. As últimas alterações neste manuscrito só foram possíveis por causa do seu apoio inabalável a nossa família.

Christie, minha psicanalista e terapeuta, que esteve comigo nas fases mais importantes da minha vida até agora. Foi com você que encarei minha ambivalência quanto a ser chamada de "especialista" e meu conflito em relação a minha ambição. Também foi com você que terminei a residência, encontrei um companheiro, adotei dois gatos, mudei para o outro lado do país e tive um bebê. Obrigada por permitir que eu corresse riscos, por nunca julgar meus impulsos e, acima de tudo, por me ajudar a crescer. Não tenho nenhuma dúvida de que este livro não existiria sem você.

Sou grata a minha sogra, Susan, e a minha cunhada, Samantha, cujo apoio durante a gravidez e o nascimento do nosso filho foi fundamental para que eu conseguisse escrever este livro. Agradeço a Kevin, DJ e Ashley por me promoverem e a Steve e Molly por toda a ajuda.

Devo muito mais do que imagino a minhas raízes na Índia. Às mulheres Shampur em Bangalore: sou profundamente grata a nossa linhagem.

Agradeço a minha irmã Deepa. Ser a irmã mais nova de uma psiquiatra não é fácil, mas você encara o desafio com humor, irreverência e um toque emo. Obrigada por ser minha maior fã (e por me ensinar a fazer um *Reel*). Te amo.

Aos meus pais: este livro é resultado de uma década de trabalho de compreensão, reflexão e conexão. Não foi fácil, e nem sempre acertamos, mas percorremos um longo caminho, e tenho orgulho de nós por isso. Obrigada por ficarem do meu lado ao longo de tudo e por me apoiarem em meu sonho mais grandioso: me tornar eu mesma.

Finalmente, meu maior agradecimento vai para meu companheiro, Justin. Por acreditar em mim e nos meus sonhos sem hesitar. Por ficar do meu lado quando decidi abandonar um trabalho acadêmico em tempo integral e começar a trilhar um caminho desconhecido. Por ser meu primeiro leitor e o editor de todos os rascunhos. Por se certificar de que estou sempre alimentada e hidratada, de que tenhamos um lar e de que alguém verifique a caixa de correio. Por me dar todas as injeções necessárias na fertilização in vitro. Por amar Kiran, Kitty e Fifi como você ama. Por me ensinar muito do que sei sobre compromisso, conexão e segurança.

Kiran, você ainda vai levar muitos anos para ler este livro (se é que vai ler). Eu o escrevi enquanto você se tornava um ser humano dentro de mim. Sua chegada ao mundo está intimamente ligada ao autocuidado de verdade, e isso me torna mais humilde e me enche de admiração.

Apêndice 1
Bússola do autocuidado de verdade

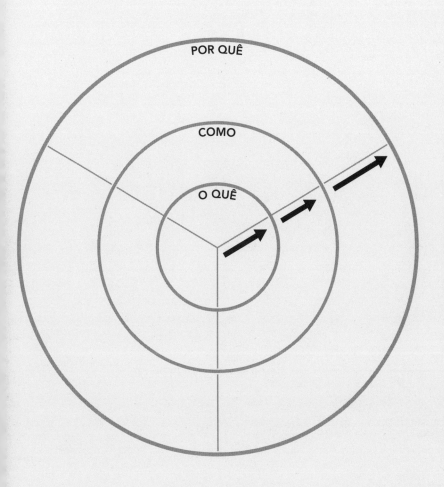

Apêndice 2
Guia de exercícios para o autocuidado de verdade

PRINCÍPIO 1: AUTOCUIDADO DE VERDADE EXIGE
ESTABELECER LIMITES E SUPERAR A CULPA

Dicas práticas para comunicar limites (p. 138)

Modelos para dizer *não* e fazer pedidos (p. 139)

Estratégias de desfusão cognitiva para lidar com a culpa (p. 125)

Para treinar: Devolva o eu ao autocuidado (p. 133)

PRINCÍPIO 2: AUTOCUIDADO DE VERDADE IMPLICA
TRATAR A SI MESMA COM COMPAIXÃO

Para treinar: Dê um nome a sua crítica interna (p. 157)

Para treinar: Parta da noção de suficientemente boa (p. 160)

Para treinar: Tenha curiosidade pelas vozes na sua cabeça (p. 164)

Para treinar: Comece a receber em pequenas doses (p. 167)

Para treinar: Opte por descansar (p. 174)

PRINCÍPIO 3: AUTOCUIDADO DE VERDADE APROXIMA VOCÊ DE SI MESMA

Para treinar: Sua festa de aniversário (p. 190)

Para treinar: O que sei que é verdade para mim (p. 198)

Para treinar: Permitindo-se aproveitar as coisas boas (p. 203)

PRINCÍPIO 4: AUTOCUIDADO DE VERDADE É UMA AFIRMAÇÃO DE PODER

Para treinar: Imagine seu tabuleiro de xadrez (p. 226)

Para treinar: Seja dona de sua manchete (p. 230)

Para treinar: Plantando as sementes da revolução (p. 233)

Para treinar: Identifique os módulos de esperança que acessa (p. 235)

Para treinar: Cultivando o cuidado comunitário (p. 240)

Termômetro do autocuidado de verdade (p. 111)

Bússola do autocuidado de verdade (p. 206)

Apêndice 3
Como buscar ajuda profissional

Peça a seu médico ou sua médica de referência indicações de profissionais de saúde mental.

Se há alguém em quem você confia e que faz terapia ou tem acompanhamento de um profissional de saúde mental, inicie uma conversa a respeito. A pessoa pode passar o nome do profissional ou pedir a ele ou ela que indique alguém. O boca a boca é muito útil para encontrar profissionais de qualidade nessa área.

Se você possui plano de saúde privado pessoal ou através do seu contrato de trabalho, pode usar a rede credenciada como um ponto de partida em sua busca. Além disso, alguns planos possuem opções de reembolso que podem cobrir total ou parcialmente os custos de terapia, vale a pena investigar se é o seu caso.

Se for uma emergência psiquiátrica ou você estiver em meio a uma crise, ligue para o Centro de Valorização da Vida (cvv) no 188, vá ao pronto-socorro mais próximo ou ligue para o Serviço de Atendimento Móvel de Urgência (Samu) no 192 ou para a Polícia no 190.

COMO SABER SE UM TERAPEUTA OU PSIQUIATRA É BOM?

O indicativo mais importante de sucesso em um relacionamento terapêutico é a aliança terapêutica — o relacionamento entre terapeuta e paciente. Encontrar o profissional de saúde mental certo para você é um pouco como encontrar a pessoa certa para você: tem que dar liga. É bom fazer algumas entrevistas e ver com quem se sente melhor. Às vezes podem ser necessárias algumas sessões para confirmar que vai funcionar.

Repare em como a pessoa responde ao seu feedback — ela se mostra aberta e curiosa, aprofunda os temas, ou fica na defensiva e começa a criticar? Um bom terapeuta leva suas preocupações a sério e quer trabalhar com você para compreender como a relação pode melhorar. Isso significa que cabe a você ser aberta quanto ao que está e o que não está funcionando. A terapia é um processo colaborativo. Se seu terapeuta julga você ou fica na defensiva, pode não ser a melhor opção.

Notas

SOBRE IDENTIDADE, PRIVILÉGIO E SISTEMAS DE OPRESSÃO
[pp. 27-8]

1. Jordan Kisner, "The Lockdown Showed How the Economy Exploits Women. She Already Knew", *The New York Times*, 17 fev. 2021. Disponível em: <nytimes.com/2021/02/17/magazine/waged-housework.html>. Acesso em: 12 jan. 2023.

I. CALORIAS VAZIAS: O FALSO AUTOCUIDADO NÃO NOS SALVOU [pp. 31-48]

1. "2012 Stress in America: Stress by Gender". Disponível em: <apa.org/news/press/releases/stress/2012/gender>. Acesso em: 22 jul. 2022.
2. Nancy Beauregard et al., "Gendered Pathways to Burnout: Results from the salveo", *Annals of Work Exposures and Health*, v. 62, n. 4, maio 2018, pp. 426-37.
3. Olivia Remes et al., "A Systematic Review of Reviews on the Prevalence of Anxiety Disorders in Adult Populations". Disponível em: <doi.org/10.1002/brb3.497>. Acesso em: 22 jul. 2022; Paul R. Albert, "Why Is Depression More Prevalent in Women?", *Journal of Psychiatry and Neuroscience*, v. 40, n. 4, jul. 2015, pp. 219-21.
4. "Antidepressant Use Among Adults: United States, 2015-2018", nchs Data Brief, n. 377, set. 2020.
5. "Statistics & Facts — Global Wellness Institute". Disponível em: <globalwellnessinstitute.org/press-room/statistics-and-facts>. Acesso em: 22 jul. 2022.

6. Audre Lorde, *A Burst of Light* (Ithaca, NY: Firebrand, 1988).

7. Angela A. Richard et al., "Delineation of Self-Care and Associated Concepts", *Journal of Nursing Scholarship*, v. 43, n. 3, set. 2011, pp. 255-64.

8. Barbara Riegel e Debra K. Moser, "Self-care: An Update on the State of the Science One Decade Later", *Journal of Cardiovascular Nursing*, v. 33, n. 5, set.-out. 2018, pp. 404-7.

9. Jordan Kisner. "The Politics of Conspicuous Displays of Self-Care", *The New Yorker*, 14 mar. 2017.

10. Greg McKeown, *Effortless* (Nova York: Currency, 2021) [Ed. brasileira: *Sem esforço: Torne mais fácil o que é mais importante*. Rio de Janeiro: Sextante, 2021].

2. POR QUE É DIFÍCIL RESISTIR À SEDUÇÃO: OS MOTIVOS QUE NOS LEVAM A RECORRER AO FALSO AUTOCUIDADO [pp. 49-66]

1. "News Release: Wellness Tourism Association Releases Findings from First Wellness Travel Survey — Wellness Tourism Association". Disponível em: <old.wellnesstourismassociation.org/wellness-tourism-association-releases-findings-first-wellness-travel-survey>. Acesso em: 22 jul. 2022.

2. Caroline Mortimer, "Women Criticise Themselves an Average of Eight Times a Day, Study Says", *The Independent*, 4 jan. 2016. Disponível em: <independent.co.uk/life-style/health-and-families/health-news/women-criticise-themselves-an-average-of-eight-times-a-day-study-says-a6796286.html>. Acesso em: 12 jan. 2023.

3. Suniya S. Luthar e Lucia Ciciolla, "Who Mothers Mommy? Factors That Contribute to Mothers' Well-Being", *Developmental Psychology*, v. 51, n. 12, dez. 2015, pp. 1812-23.

4. Anna Sutton, "Living the Good Life: A Meta-Analysis of Authenticity, Well-being and Engagement", *Personality and Individual Differences*, v. 153, 15 jan. 2022. Disponível em: <sciencedirect.com/science/article/pii/S019188691930577X>. Acesso em: 12 jan. 2023.

3. É UM JOGO DE CARTAS MARCADAS: O PROBLEMA NÃO É VOCÊ [pp. 67-89]

1. Petra Persson e Maya Rossin-Slater, "When Dad Can Stay Home: Fathers' Workplace Flexibility and Maternal Health", documento de trabalho n. 3928,

22 jan. 2021. Disponível em: <gsb.stanford.edu/faculty-research/working-papers/when-dad-can-stay-home-fathers-workplace-flexibility-maternal>. Acesso em: 12 jan. 2023.

2. Richard J. Petts et al., "Paid Paternity Leave-Taking in the United States", *Community, Work & Family*, v. 23 n. 2, 17 jul. 2017. Disponível em: <doi.org/10.1080/13668803.2018.1471589>. Acesso em: 12 jan. 2023.

3. Anne Helen Petersen, "From Burnout to Radicalization", Culture Study (blog), 6 ago. 2021. Disponível em: <annehelen.substack.com/p/from-burnout-to-radicalization>. Acesso em: 12 jan. 2023.

4. Caitlyn Collins et al., "Covid-19 and the Gender Gap in Work Hours", *Gender, Work, & Organization*, v. 28, n. S1, Supplement: Feminist Frontiers, jan. 2021, pp. 101-12.

5. Gretchen Livingston e Deja Thomas, "Among 41 Countries, Only US Lacks Paid Parental Leave", 16 dez. 2019. Disponível em: <pewresearch.org/fact-tank/2019/12/16/u-s-lacks-mandated-paid-parental-leave> . Acesso em: 12 jan. 2023.

6. Rasheed Malik, "Working Families are Spending Big on Childcare", Center for American Progress, 20 jun. 2019. Disponível em: <americanprogress.org/article/working-families-spending-big-money-child-care>. Acesso em: 12 jan. 2023.

7. Meg Conley, "Motherhood in America is a Multilevel Marketing Scheme", *Gen*, 7 dez. 2020. Disponível em: <gen.medium.com/motherhood-in-america-is-a-multilevel-marketing-scheme-f4ec1f536b04>. Acesso em: 12 jan. 2023.

8. Silvia Federici, *Re-Enchanting the World: Feminism and the Politics of the Commons* (Oakland, CA: PM, 2019) [Ed. brasileira: *Reencantando o mundo: Feminismo e a política dos comuns*. Trad. Coletivo Sycorax: Solo Comum. São Paulo: Elefante, 2021].

9. Allison Daminger, "The Cognitive Dimension of Household Labor", *American Sociological Review*, v. 84, n. 4, 9 jul. 2019. Disponível em: <journals.sagepub.com/doi/10.1177/0003122419859007>. Acesso em: 12 jan. 2023.

10. Lucia Ciciolla et al., "Invisible Household Labor and Ramifications for Adjustment: Mothers as Captains of Households", *Sex Roles*, 81, n. 7-8, out. 2019, pp. 1-20.

11. Gloria Steinem, *Outrageous Acts and Everyday Rebellions* (Nova York: Holt, 1983).

12. O trabalho da dra. Martha Beck sobre como as mulheres aprenderam a lidar com as contradições em nossa cultura contribuiu profundamente para minha visão da saúde mental das mulheres. Em seu livro *The

Breaking Point: Why Women Fall Apart and How They Can Recreate Their Lives, de 1997, a dra. Beck apresenta os resultados de seus estudos sociológicos sobre mulheres em momentos de crise e como elas resolvem conflitos com a cultura.

13. Pooja Lakshmin, "Mothers Don't Have to Be Martyrs", *The New York Times*, 5 maio 2020. Disponível em: <nytimes.com/2020/05/05/parenting/mothers-not-martyrs.html>. Acesso em: 12 jan. 2023.

14. Jennifer L Barkin et al., "The Role of Maternal Self-care in New Motherhood", *Midwifery*, v. 29, n. 9, set. 2013, pp. 1050-5.

15. Albert Einstein, *The New York Times*, 25 maio 1946.

16. A terapia comportamental dialética é um tipo de psicoterapia que foca em quatro áreas de desenvolvimento de habilidades: atenção plena, tolerância ao mal-estar, regulação emocional e efetividade interpessoal. Pode ser útil no caso de diferentes condições psiquiátricas, incluindo depressão, distúrbios alimentares, transtorno do estresse pós-traumático, abuso de substâncias e ideação suicida crônica. A terapia comportamental dialética é bastante influenciada pelo conceito de dialética e encoraja as pessoas a sustentar perspectivas que parecem simultaneamente opostas.

17. Audre Lorde, *A Burst of Light* (Ithaca, NY: Firebrand, 1988).

18. "Providing Care Changes Men", *New America*. Disponível em: <newamerica.org/better-life-lab/reports/providing-care-changes-men/executive-summary>. Acesso em: 22 jul. 2022.

19. Entrevista com Brigid Schulte, 15 out. 2021.

4. RECUPERANDO AS RÉDEAS: OS QUATRO PRINCÍPIOS DO AUTOCUIDADO DE VERDADE [pp. 93-105]

1. R. M. Ryan et al., "On Happiness and Human Potentials: A Review of Research on Hedonic and Eudaimonic Well-Being", *Annual Review of Psychology*, v. 52, 2001, pp. 141-66.

2. A. D. Turner et al., "Is Purpose in Life Associated with Less Sleep Disturbance in Older Adults?", *Sleep Science Practice*, v. 1, n. 14, 2017.

3. Andrew Steptoe et al., "Subjective Wellbeing, Health, and Ageing", *Lancet*, v. 385, n. 9968, 4 fev. 2015, pp. 640-8.

4. Barbara L. Frederickson et al., "A Functional Genomic Perspective on Human Well-being", *PNAS*, v. 110, n. 33, 29 jul. 2013, pp. 13684-9. Disponível em: <pnas.org/doi/10.1073/pnas.1305419110>. Acesso em: 12 jan. 2023.

5. A terapia de aceitação e compromisso foi desenvolvida pelo psicólogo clínico Steven Hayes. É uma forma de psicoterapia baseada em evidên-

cias que adota a técnica da flexibilidade psicológica, a habilidade de desenvolver um relacionamento flexível com a mente. Ela ensina pacientes a aceitar pensamentos e sentimentos difíceis em vez de lutar contra eles e a priorizar ações comprometidas e que levam a uma vida mais plena e significativa.

6. Brené Brown, "The Power of Vulnerability", TEDX Houston. Disponível em: <ted.com/talks/brene_brown_the_power_of_vulnerability/transcript>. Acesso em: 22 jul. 2022.

5. AUTOCUIDADO DE VERDADE EXIGE LIMITES: SUPERANDO A CULPA [pp. 106-47]

1. Nedra Glover Tawwab, *Set Boundaries, Find Peace: A Guide to Reclaiming Yourself* (Nova York: TarcherPerigee, 2021) [Ed. brasileira: *Defina limites e encontre a paz: Um guia para encontrar a si mesmo*. São Paulo: nVersos, 2021].

2. Se você tem um histórico de relacionamentos traumáticos ou abusivos (seja na infância ou na vida adulta), a maneira como seu corpo responde a pedidos pode ser confusa. Talvez haja certos relacionamentos ou situações que de início parecem um *sim*, mas que depois fazem você se sentir mal ou constrangida. Talvez você não se sinta segura comunicando seus limites. Se quiser se aprofundar nessas respostas e aprender mais sobre como o trauma pode impactar relacionamentos, um excelente recurso é o livro *Para além da codependência: Deixe de ser codependente de uma vez por todas*, de Melody Beattie (São Paulo: BestSeller, 2012).

3. *O método Fair Play para divisão de tarefas domésticas* (São Paulo: BestSeller, 2020) destaca um sistema organizacional desenvolvido por Eve Rodsky. Eve destaca a importância de deixar claro o CPE (conceito, planejamento, execução) de cada tarefa no gerenciamento doméstico. Esse livro é um ótimo ponto de partida para examinar como as decisões são tomadas na sua casa e quem é responsável por planejá-las e executá-las.

6. AUTOCUIDADO DE VERDADE SIGNIFICA TRATAR A SI MESMA COM COMPAIXÃO: PERMISSÃO PARA SER SUFICIENTEMENTE BOA [pp. 148-81]

1. Kristin D. Neff, "The Role of Self-Compassion in Development: A Healthier Way to Relate to Oneself", *Human Development*, v. 52, n. 4, jun. 2009, pp. 211-4.

2. Liliana Pedro et al., "Self-criticism, Negative Automatic Thoughts and Postpartum Depressive Symptoms: The Buffering Effect of Self-compassion", *Journal of Reproductive and Infant Psychology*, 5 abr. 2019, pp. 539-53. Disponível em: <doi.org/10.1080/02646838.2019.1597969>. Acesso em: 12 jan. 2023.

3. Pooja Lakshmin, "Mothers Don't Have to Be Martyrs", *The New York Times*, 5 maio 2020. Disponível em: <nytimes.com/2020/05/05/parenting/mothers-not-martyrs.html>. Acesso em: 12 jan. 2023.

4. Brené Brown, "Listening to Shame", TED 2012. Disponível em: <ted.com/talks/brene_brown_listening_to_shame>. Acesso em: 22 jul. 2022.

5. Registros históricos sugerem que o conceito de "mãe suficientemente boa" é da segunda esposa de Winnicott, Clare Winnicott. No entanto, os créditos do termo e da teoria costumam ser dados a ele.

6. Jennifer Senior, "It's Your Friends Who Break Your Heart", *The Atlantic*, mar. 2022. Disponível em: <www.theatlantic.com/magazine/archive/2022/03/why-we-lose-friends-aging-happiness/621305>. Acesso em: 12 jan. 2023.

7. Jessica Grose, "Practicing Self-Care in Uncertain Times", *The New York Times*, 4 nov. 2020. Disponível em: <nytimes.com/2020/11/04/parenting/exhaustion-burnout-rest.html>. Acesso em: 12 jan. 2023.

7. AUTOCUIDADO DE VERDADE APROXIMA VOCÊ DE SI MESMA: DESENVOLVENDO SUA BÚSSOLA DO AUTOCUIDADO DE VERDADE [pp. 182-218]

1. Russ Harris, *ACT Made Simple: A Quick Start Guide to ACT Basics and Beyond* (Oakland, CA: New Harbinger, 2009).

2. Daniel B. M. Haun et al., "Children Conform to the Behavior of Peers; Other Great Apes Stick With What They Know", *Psychological Science*, v. 25, n. 12, dez. 2014, pp. 2160-7.

3. Martha Beck, *The Way of Integrity: Finding the Path to Your True Self* (Nova York: The Open Field, 2021) [Ed. brasileira: *Por inteiro: O caminho para o seu verdadeiro eu*. São Paulo: Fontanar, 2022].

4. Caroline Gregoire, "Jack Kornfield on Gratitude and Mindfulness", *Greater Good Magazine*, 14 maio 2019. Disponível em: <greatergood.berkeley.edu/article/item/jack_kornfield_on_gratitude_and_mindfulness>. Acesso em: 12 jan. 2023.

8. AUTOCUIDADO DE VERDADE É UMA AFIRMAÇÃO DE PODER: REIVINDICANDO O QUE É SEU E REFORMULANDO O SISTEMA [pp. 219-44]

1. Arthur C. Brooks, "The Difference Between Hope and Optimism", *The Atlantic*, set. 2019. Disponível em: <theatlantic.com/family/archive/2021/09/hope-optimism-happiness/620164>. Acesso em: 12 jan. 2023.

2. Fred B. Bryant et al., "Distinguishing Hope and Optimism: Two Sides of a Coin, or Two Separate Coins?", *Journal of Social and Clinical Psychology*, v. 23, n. 2, 2004, pp. 273-302.

3. Pooja Lakshmin et al., "Testimonial Psychotherapy in Immigrant Survivors of Intimate Partner Violence: A Case Series", *Transcultural Psychiatry*, v. 55, n. 5, out. 2018, pp. 585-600.

4. James L. Griffith, "Hope Modules: Brief Psychotherapeutic Interventions to Counter Demoralization from Daily Stressors of Chronic Illness", *Academic Psychiatry*, v. 42, n. 1, fev. 2018, pp. 135-45.

5. Citação de Angela Garbes no encontro da Câmara das Mães em 4 de maio de 2022.

6. Audre Lorde, discurso inaugural no Oberlin College, 1989.

7. M. M. Varna et al., "Prosocial Behavior Promotes Positive Emotion During the Covid-19 Pandemic", *Emotion*, 2022. Disponível em: <psycnet.apa.org/fulltext/2022-42967-001.html>. Acesso em: 12 jan. 2023.

TIPOGRAFIA Adriane por Marconi Lima
DIAGRAMAÇÃO Osmane Garcia Filho
PAPEL Pólen Natural, Suzano S.A.
IMPRESSÃO Gráfica Bartira, maio de 2023

A marca FSC® é a garantia de que a madeira utilizada na fabricação do papel deste livro provém de florestas que foram gerenciadas de maneira ambientalmente correta, socialmente justa e economicamente viável, além de outras fontes de origem controlada.